HIER WOHNTE VON 1920-1925
WALTER GROPIUS
BEGRÜNDER UND ERSTER DIREKTOR
DES STAATLICHEN BAUHAUSES WEIMAR

HIER WOHNTE
JOHANN CARL AUGUST
MUSÄUS
GEB. 1735. GEST. 1787.

HIER WOHNTE
FRANZ
V. DINGELSTEDT
1857 – 1867

FRIEDRICH JUSTIN
BERTUCH
1747 – 1822

MATHILDE
VON
FREYTAG - LORINGHOVEN
1860 - 1941

Malerin
Schriftstellerin
Tierpsychologin

UWE HOLGER

D. WILHELM
CHRISTOPH GÜNTHER,
GROSSHERZOGL. SÄCHS.
OBERKONSISTORIALRAT, SOWIE
HOF-U. GARNISON-PREDIGER,
HAT AM 19. OKTOBER 1806
GOETHE MIT CHRISTIANE
VULPIUS IN DER SAKRISTEI
DIESER KIRCHE GETRAUT.

HIER LEBTE 1892 – 1896
RUDOLF STEINER
GOETHEFORSCHER
UND BEGRÜNDER DER
ANTHROPOSOPHIE

In diesem Hause
lebte, wirkte u. starb
Joh. Gottfr. von Herder

Hans-Christian Andersen
1805 - 1875

dänischer Dichter und Schriftsteller
weilte ab 1844 mehrmals in Weimar

Hier wohnte und starb
J.N. Hummel
1819 – 1837
In dankbarer Erinnerung
die großh. S. Hofkapelle
1888

HIER WOHNTE
AUGUST FR.
FERDINAND
VON KOTZEBUE
GEB. 1761 GEST. 1819

Ehemaliges
Franziskanerkloster.
Hier wohnte 1518
Martin Luther.
Der Reformator
weilte zwischen 1518 und 1540
mehrfach in Weimar.

IN DIESEM HAUSE WOHNTE
LUCAS CRANACH D.Ä.
VON 1552 BIS ZU SEINEM TODE
AM 16. OKTOBER 1553

IN DIESEM HAUSE WOHNTE
1 9 2 8 -
1 9 2 3
THEODOR NEUBAUER
DER WIDERSTANDSKÄMPFER
GEGEN DEN FASCHISMUS
GEB. AM 12. DEZEMBER 1890
ERMORDET AM 5. FEBR. 1945

HIER STAND DAS HAUS IN DEM
JOHANN SEBASTIAN BACH
VON 1708-1717 WOHNTE
HIER WURDE GEBOREN
FRIEDEMANN BACH
AM 17. NOVEMBER 1710
PHILIPP EMANUEL BACH
AM 8. MÄRZ 1714

Hier wohnte
HARRY GRAF KESSLER
1905 -1936

„Wir sind das Volk"
An diesem Ort begannen am
24. Oktober 1989 die
Dienstagsdemonstrationen
in Weimar

„Demokratie - jetzt oder nie"

Hier wohnte
Wieland
1806-1813

HIER WOHNTE
KANZLER
FRIEDRICH von MÜLLER
GEB. 1779   GEST. 1849

In diesem Hause verlebten ihre Jugend die
"Ratsmädel"
Therese Kirsten
geb. 1801   gest. 1887
Maria Kirsten
geb. 1802   gest. 1875
Töchter des Bergrats und Bürgermeisters
Friedrich Kirsten

Dem Andenken
an
Friedr. Martersteig
Historienmaler u. Professor
1814 – 1899

Hier wohnte
Schiller
1799   1802

DES FREISTAATS ...
AM 1. MAI 2000
... RE DER THÜRINGER LAN...
...RLAMENTARISCHE GES...
DIESES GEBÄUDES...
...NDTAG DES GROSSHER...
...CHSEN-WEIMAR-EISE...
...NDTAG VON THÜRINGE...

Hier wohnte
Charlotte von Stein
1777-1827.

FRANCISCO
DI SS VIAR
PRINCI...

JÄGERHAUS
1816   1930
Sitz der Freien Zeichenschule
Hier lebte 1789 - 1792
JOH. WOLFGANG V. GOETHE
mit CHRISTIANE VULPIUS

Hier wohnten und wirkten
die Künstler
ANGELICA FACIUS
BUONAVENTURA GENELLI
FRIEDRICH PRELLER
LOUISE SEIDLER
FERDINAND JAGEMANN

IN DIESEM HAUS WOHNTE
GOETHES SEKRETÄR
JOHANN PETER ECKERMANN
VON 1823 - 1831

IN DIESEM HAUSE GAB SICH
DAS DEUTSCHE VOLK DURCH
SEINE NATIONALVERSAMMLUNG
DIE WEIMARER VERFASSUNG
VOM 11. AUGUST 1919

HIER KAUFTE
YELDA
IHRE BRÖTCHEN
VON JANUAR BIS APRIL 2000

Hier stand das Haus,
in dem der Dichter
JEAN PAUL
1798 - 1800
lebte und arbeitete

Hier wohnte
Franz Liszt
1869_1886.

Hier wohnte
Rich. Strauß
1889 – 1894.

HIER WOHNTE 1919 – 1926
LYONEL FEININGER
MALER UND MEISTER
AM BAUHAUS

Hier wohnte
Gottfried Heinrich Krohne
1703 - 1756
Baumeister des Thüringer Barock

Hier wohnte
Heinrich Jäde
Freiheitskämpfer von 1848
geb. 1815 gest. 1873

Inhalt

Weimar – Stadt der durchgrünten Seelenräume

Weimar. Oh ja, Weimar ist eine ganz besondere Stadt. Für Europäer, Amerikaner, Asiaten gleichermaßen. Das Spezielle daran: Weimar war immer eine hellhörige Kleinstadt im Grünen, eine Provinzstadt mit geringem finanziellen Spielraum fernab der Metropolen, in der sich die Wege Vieler kreuzten. Wie nie zuvor verdichten sich hier im 18. und 19. Jahrhundert Biografien und Ereignisse. Weimar ist eine ganz besondere Stadt, oh ja. Aber sie leidet unter zwei falschen Formeln, die immer wieder von außen auf die Stadt projeziert werden: Die eine lautet „Weimar gleich Goethe", und die andere präsentiert das Doppelwesen *Goetheschiller*, das durch das Dichterdenkmal vor dem Nationaltheater millionenfach als Ikone *der Klassik* reproduziert wird.

Das Unvergleichliche der Stadt besteht in einem anderen Aspekt: Eben weil die Altstadt von Weimar so klein ist und feinfühlig konserviert wird, kann man an den städtebaulichen Strukturen, im Schloss, in den Dichterhäusern, den Bibliotheken und Archiven sinnlich und zugleich intellektuell nachvollziehen, dass Geschichte etwas ist, das gemacht wird. In Weimar kann man das späte 18. und 19. Jahrhundert verstehen lernen, denn man erlebt hier, wie die eine Generation etwas herstellt, das man später *die Weimarer Klassik* nennen sollte, und wie dieses geistige Konstrukt spätestens von deren Enkelgeneration museal aufbereitet, konserviert und zum Mythos stilisiert wird. *Das klassische Weimar* wird den Richtungslosen und Verängstigten zum Rettungsring. *Das* klassische Weimar schuf Seelenräume, in denen *das Wahre, Gute und Schöne* zu Hause sein soll. Seit dem 19. Jahrhundert hilft Weimar der säkularisierten Gesellschaft, eine Traditionslinie zu konstruieren, auf die man sich beziehen und mit der man sich identifizieren kann: Weimar ist der Geburtsort der klassischen deutschen Literatur.

Weimar beruhigt. Wer Sommertags hierher kommt, wird eingehüllt in ein erholsames Potpourri aus italienischer Leichtigkeit und deutscher Gartenidylle – einer Gartenidylle und Kleinteiligkeit im besten und uneingeschränkt positiven Sinne. Hier finden sich die Sehenswürdigkeiten auf kleinem Raume beieinander, alles ist zu Fuß erreichbar. Besser noch: Man geht oft durch Parks und stimmungsvolle Gassen. Das Stadtzentrum ist nicht ‚verdichtet', sondern besteht in weiten Bereichen seit 200 Jahren aus Parks und Gärten, deren Wege raffiniert mit Durchblicken auf Bauwerke und Denkmäler spielen. Wer Weimar zu Fuß oder mit dem Fahrrad erlebt, wird es schnell bemerken, dieses Auftauchen und gleich wieder Verschwinden der besonderen Orte. Weimar, das ist ein Enthüllen und gleich wieder Verbergen.

Genau darin besteht ein Wesensmerkmal des *klassischen Weimar*. Im späten 18. Jahrhundert plante man, die Natur-Landschaft entlang des schmalen Flusses Ilm durch behutsame Eingriffe und mit geringem Aufwand zu einer einzigen großen Kultur-Landschaft nach englischem Vorbild zu gestalten. Der Landschaftsgarten sollte sich über mehr als zehn Kilometer entlang der Ilm hinziehen und mehrere Schlösser und Gärten miteinander verbinden. Wenn dieses Projekt auch nicht

Musentempel im Park bei Schloss Tiefurt, 1803

Ausschnitt aus Winckelmanns Freundschaftsbildnis

vollendet wurde, kann man heute dennoch mit dem Fahrrad entlang der Ilm von Weimar bis zum Schloss Belvedere in die eine Richtung fahren, und in die andere über die Parks in Tiefurt und Kromsdorf bis zum Wielandgut in Oßmannstedt.

Was *natürlich* erscheint, ist das Ergebnis sorgsamer Planung. Was bis heute fasziniert an der Weimarer Parklandschaft, sind die scheinbar zufälligen Blickachsen zwischen alten Bäumen hindurch auf Tempel, Brunnen, Grotten, Gartenhäuser, Gedenksteine, Skulpturen und Schlossgebäude verschiedener Größe. Wege sind nicht gerade geführt, sondern winden sich und führen mit Sicherheit nicht dort hin, wo man geradewegs hätte hinlaufen mögen. Als Besucher bewegt man sich wie in einem Naturtheaterspiel. Nach einer Weile versteht man, dass einem die anvisierten Ziele Umwege und Zeit abverlangen und dass hier die Uhren anders ticken. Nichts in Weimar ,springt' den Betrachter an, alles verlangt Zeit und Muße. Man muss wörtlich genommen hineingehen. Das kann man auch, denn in den Museen ist man meist allein – mit einer Ausnahme, dem Goethehaus.

Das heutige Bild vom klassischen Weimar verdankt sich jahrzehntelanger Reparatur- und Restaurierungsarbeit. Man sollte nicht vergessen, dass Weimar im Zweiten Weltkrieg stark beschädigt wurde. Manches, wie etwa die Nordseite des Marktplatzes, wurde rekonstruiert. Dennoch haben Stadtväter, Denkmalpfleger und Bürger erreicht, dass Weimar eben *nicht* zur Kulisse verkommen ist. Nein, Weimar selbst ist der authentische Ort: Genau hier, in dieser Kleinstadt mit ihren Gartenflächen, begann sie, die Konstruktion der deutschen Klassik.

Das heißt nicht, dass alles, was in Weimar aussieht, auch alt ist. Wer etwa meint, das Kopfsteinpflaster sei mittlerweile doch recht holprig, stolpert nicht über alte Steine. Die Straßen- und Platzflächen aus Naturstein, die insgesamt die Größe mehrerer Fußballfelder ergäben, wurden erst vor einigen Jahren in Anlehnung an alte Befunde mit viel Geld, Mühe und Arbeit verlegt. In Weimar ist es – im Unterschied zu anderen frisch sanierten Denkmalen und Schlossgärten – gelungen, den Charme natürlicher alter Oberflächen zu bewahren. Mit Farbfächern bestimmen die Denkmalpfleger den kreidigen, pastellfarbenen Fassadenputz der alten Häuser.

Es sind nicht nur die Gebäude selbst, sondern es ist die Gesamtheit aller Oberflächen von Fassaden, Türen, Fensterrahmen und -läden, Straßen- und Wegerändern, die das harmonische Gesamtbild Weimars ausmachen. Manchen Café- oder Geschäftsbesitzer mag das zuweilen quälen, wenn die Stadt bis zum Werbeschriftzug für ein sorgfältiges Straßenbild sorgt. Aber auf lange Sicht lohnt die Mühe. Nur dadurch, dass in der Innenstadt großflächige Plakate und blinkende Neonwerbung weitgehend fehlen, wirken die Straßen so wohltuend und in sich stimmig. In Weimar hat man verstanden, dass man *oberflächlich* sein muss. Denn es sind die Oberflächen, die die Erscheinung bestimmen.

Arbeit im Ilmpark

Residenzschloss,
Allegorie der guten Landesmutter

Gedenkstein für den Prinzen Constantin
im Park von Schloss Tiefurt

Mit großer Sorgfalt und Sinn für jedes Detail haben Denkmalpfleger, Restauratoren und Architekten über Jahrzehnte hinweg viele Innenräume wieder hergestellt. Wer durch die Räume von Schiller, Kirms-Krackow, Goethe, Anna Amalia, Liszt, Wieland (in Oßmannstedt), Maria Pawlowna und anderen geht, findet ähnliche Licht-Schatten-Verhältnisse und Farben vor wie in einem Genrebild aus der gleichen Zeit. Auch hier ist es der Zusammenklang der Oberflächen und die wie selbstverständlich wirkende, milde Lichtführung. Ganz anders als moderne Räume, deren verglaste Fenstertüren bis zum Boden reichen, um möglichst viel Licht einfallen zu lassen, leben 200 Jahre alte Räume vom Wechselspiel aus Spitzlichtern und tiefen Verschattungen. Der Raum wirkt dadurch geradezu plastisch. Möbel, Porzellan und Gläser in Vitrinenschränken werden vor dem grellen, alle Geheimnisse lüftenden, analytischen Blick geschützt; es bleibt ein Hauch von Geheimnis, eine magnetische Distanz zwischen den wie Reliquien gehüteten Gegenständen und dem Besucher.

Erinnerungskultur statt Gedenkkultur

Dichterhäuser, Ginkgos, Denkmäler – um alles in Weimar ranken sich Geschichten. Genau deshalb lastet die Vergangenheit, dieser Schatz des *klassischen Weimar*, zuweilen als viel zu schwere Bürde auf jeder neuen Generation von jungen Menschen in Weimar, die ihre eigene Gegenwart gestalten wollen. Als Gast übersieht man leicht, dass jeder Einwohner der Stadt täglich mit dieser Bedeutungsdichte lebt. Geschichte bedeutet in Weimar immer Rezeptionsgeschichte. Oft bestimmten die von außen Kommenden, was in Weimar groß und wichtig zu sein habe. Auch Goethe wusste sehr wohl um seine Bedeutung und inszenierte sich selbst; die Generation seiner Enkel bewahrte aber nicht etwa die Erinnerung an die individuelle Persönlichkeit, sondern wählte aus und definierte, was groß und wichtig war. Wenn das Erinnern aber durch die ständige Wiederholung des Immergleichen seine Dynamik verliert und zu Gedenkveranstaltungen und Denkmälern gerinnt, dann wird aus der konkreten Erinnerung das ritualisierte Gedenken. Wenn man den jungen, lebendigen Persönlichkeiten, die hier einst ihre Gedanken und Gefühle formulierten, lediglich gedenkt, statt sich ihrer zu erinnern, wird die Geschichte langweilig und irgendwann vergessen. Aufregend bleibt es, wenn man nach den Bedingungen fragt und versteht, was Wieland für den Neubeginn der modernen Literatur leistete, warum Herders Behauptung, die Sprache sei nicht gottgegeben, politischen Zündstoff erhielt, oder welche Folgen Schillers *Briefe über die ästhetische Erziehung des Menschen* 1795 hatten. Wenn man aber in der Fürstengruft nur noch des Gedenkens gedenkt oder das Doppelwesen Schillergoethe fotografiert, statt Erinnerung immer wieder neu zu beleben und Fragen zu stellen, versteht man nicht, warum Weimar wirklich einzigartig ist.

Touristische Programme beruhen aber naturgemäß auf Gedenkkultur, weil die Zeit begrenzt wird: Man

Gauforum, ab 1936   Gauforum, im Hintergrund das Neue Museum   Kunstprojekt *Zermahlene Geschichte* im Marstall, 1997–2003

will die berühmten Gedenkorte besuchen, um sie zu fotografieren. Dagegen kann niemand etwas haben. Für die Weimarer entsteht aber dann ein Problem, wenn man das Gedenken mit dem Erinnern verwechselt und man das moderne Weimar ungefragt zu den Idealen *der Klassik* in Relation setzt. Wenn ein Dichter in einem Theaterstück der Klassik humanistische Ideale formulierte, sagt das nichts darüber aus, ob der Autor selber ein vermeintlich *guter* oder *schlechter* Mensch war. Wer setzt die Maßstäbe? Dass man die klassische Literatur lesen, klassische Musik spielen und zugleich morden kann, das haben die Nationalsozialisten im Konzentrationslager Buchenwald und in der Gestapo-Zentrale im Marstall mit unerträglichem Zynismus und Menschenverachtung gezeigt. Buchenwald gehört seitdem zu Weimars Geschichte wie die Erfindung der Klassik. Die Weimarer wissen darum und beziehen den mahnenden Erinnerungsort mit öffentlichen Veranstaltungen und Publikationen in ihr Leben ein. Wer in Weimar die vielen Hinweisschilder beachtet, wird auch oft den Richtungshinweis auf Buchenwald sehen.

Viele Besucher kommen wegen der Gedenkstätte Buchenwald; die meisten aber, viele Schweizer, Holländer, Amerikaner und Asiaten, kommen, um sich einen Traum zu erfüllen: Einmal im Leben *die* Klassikerstätten persönlich zu besuchen. Als Gast dieser Stadt, zumal als jemand, der aus einer Großstadt mit allen sichtbaren städtebaulichen Brüchen der Gegenwart kommt, kann man sich in der Altstadt oder dem Ilm-

Marstall 1878, Gestapo-Leitstelle 1936, Baracke und Gefängnis – zermahlen

park wie ein Akteur mitten in einer Theaterkulisse aus dem 18. Jahrhundert vorkommen. Was gäbe manche Stadt, die im Zweiten Weltkrieg zerstört und danach autogerecht wieder aufgebaut wurde, nur um einen einzigen dieser Plätze, nur um eine einzige dieser idyllischen Parkbänke mit Blick ins Grüne. Wieland, Herder, Goethe, Schiller – die Stars der Klassik und ihre Nachfolger bevölkern in Bronze die Stadt. Erinnerungstafeln *Hier wohnte* an etlichen Fassaden. Nicht nur einen *großen Sohn* kann die Kleinstadt vorweisen, nein, es sind derer viele. Übrigens auch Töchter. Aber die haben nicht so viel geschrieben. Vergangenheit in jeder Gasse, intime Blicke in die Privatsphäre der damaligen Helden, in die Arbeits- und Schlafzimmer der früheren Bewohner: Jeder Gegenstand voller Bedeutung bis hin zum Schreibtisch und Sterbebett. Erschöpft sinkt der Besucher schließlich im Straßencafé vor seinem Teller mit Thüringer Klößen nieder und fühlt sich irgendwie klein und bedeutungslos.

Et in Arcadia ego

Denn hier, so liest man in den Museumshäusern und in Stapeln von Sekundärliteratur, genau an diesem Ort, *hier* waren *sie* alle. Die Großen, Tugendhaften, die Leitbilder, die Dichter und Denker *der Klassik*. Wieland, Goethe, Schiller, Herder – mit diesem Quartett beginnt erst die Liste der Namen. In der erbärmlichen Provinz setzten sie im 18. und frühen 19. Jahrhundert neue Maßstäbe für eine gerechtere, aufgeklärte Zukunft. Hier erzeugten sie ihren eigenen Mythos, wie Goethe in der beruhigenden Gewissheit, dass er bereits zu Lebzeiten bedeutend war und der Nachwelt Bedeutendes hinterlassen würde. Er hatte mehr als 50 000 Gegenstände gesammelt, ausdrücklich zum Nutzen seiner Zeitgenossen – und der Nachwelt.

In Weimar geht es immer darum, *da* gewesen zu sein. Weimar gehört seit dem 19. Jahrhundert zum Bildungsprogramm. Es gilt als säkularisierte Pilgerfahrt zum Wahren, Guten und Schönen. Wo Goethe von der vergangenen Größe Roms träumte, dort will man gewesen sein und von der vergangenen Größe Weimars kosten: Goethehaus, Frauenplan, Goethegartenhaus, Fürstengruft: Oh ja, auch ich war in Arkadien. Auch ich war in Weimar, es mag schon lange her sein, aber ich habe noch ein Foto, einen Beweis, dass ich dort war. Darum geht es. Weimar ist ein Mythos. Dort gewesen zu sein, wirkt nach wie vor wie eine Absolution von vermeintlicher Ungebildetheit. Wer in Weimar war, zeigt, dass er sich für Kultur interessiert. Wir auch.

Eine auffällig junge Stadt

Diese mit viel Fachkenntnis, Geld und Gespür für Materialien sanierte Stadt wäre längst verloren, gäbe es nicht die vielen jungen Menschen, die hier leben und sie beatmen. Nur die Anwesenheit von jungen Leuten im öffentlichen Straßenbild rettet Besucher wie Weimarer davor, sich eben nicht wie in einer Kulisse fühlen zu müssen. Denn in Weimar wohnt man. Ähnlich wie in Marburg oder Freiburg leben und wohnen hier Studenten – auch, weil die Mieten bezahlbar sind.

Die Bauhaus-Universität, die *Hochschule für Musik Franz Liszt*, das Musikgymnasium im Belvedere und andere Musikschulen ziehen ein internationales, kulturbegeistertes Publikum an. Im Sommer sind es lesende Studenten und spielende Kinder im Park, Fahrradfahrer, Musik, die aus den Fenstern auf die Straße dringt, Straßenmusiker, Kunstausstellungen, Präsentationen der Bauhaus-Universität, Konzerte und Aufführungen auf dem Theaterplatz – das gute alte Weimar wäre bereits vor 200 Jahren in seiner Bedeutungslosigkeit stecken geblieben ohne die jungen Menschen, die es hierher zog.

Damals kamen die Jungen, weil andere Junge aus der Herzogfamilie ihnen interessante Arbeitsbedingungen anboten. Der Rückblick auf die Leitbilder der Vergangenheit lässt sie gern als Alte erscheinen, weil man auf ihr Gesamtleben und die Gedenkbüsten blickt. Als die Dichter nach Weimar kamen, waren sie aber jung, keineswegs etabliert und oft auf Gönner angewiesen. Adelige gaben den Bürgersöhnen eine Chance – durchaus nicht selbstlos und zu ihren Bedingungen. Wer nicht zur Führungsclique um Herzog Carl August und seinen einflussreichen Minister Goethe gehörte, hatte es in der Residenzstadt ungleich schwerer, Karriere zu machen. Was rückblickend als kultivierter Salon daherkommt, wie die Tafelrunde der Anna Amalia, oder als vergnügliches Heckentheater im Schlosspark Belvedere, konnte im Alltag zum harten Geschäft und zum Kampf um die Gunst der Mächtigen werden.

Damals wie heute herrschten politische, wirtschaftliche und soziale Umbruchzeiten, und die Sehnsucht nach einer besseren Welt erzeugt Gegenmodelle: Damals träumte man von der klassischen Antike als vermeintlich *goldener Zeit*. Die jungen Leute des 18. Jahrhunderts hatten jedoch einen Vorteil gegenüber heutigen. Sie konnten selbst etwas Neues erzeugen, denn ihre Idole aus dem antiken Rom waren seit 2000 Jahren tot und damit räumlich und zeitlich weit weg vom eigenen Leben in dem kleinen Herzogtum. Der Mythos von der hohen edlen Kunst der Antike als moralischem Läuterungsmedium prägt unseren Blick bis heute. Was die jungen Leute vor 200 Jahren in Weimar vorfanden, war zwar eine ärmliche Provinzstadt mit kaum 6000 Einwohnern, deren ungepflasterte Wege bei Regen ebenso schlammig waren wie in Rom. Aber in dieser politisch unbedeutenden Residenzstadt gab es eine

Bauhaus-Universität Weimar

Herzogin Anna Amalia Bibliothek

Lesemuseum, 1859

kulturliebende, regierende Herzogin, die beide Söhne von intellektuellen Nichtadligen erziehen ließ und aufgeschlossen für Neues war, wenn es ihr nur Musik, Literatur und Kunst in ihr erbärmliches Provinznest brachte. Die aufgeklärte Landesmutter war offen für geistige Gegenentwürfe, um ihr verschuldetes Land zu sanieren und umgab sich mit Intellektuellen.

Ihr Sohn holte den Juristen und Dichter Goethe aus der bürgerlichen Handelsstadt Frankfurt am Main nach Weimar, wo er als Minister fast fünf Jahrzehnte ein privilegiertes Leben führte und die Stadtentwicklung wesentlich beeinflusste. Als Goethe von seiner Romreise 1788 viele Ideen, Kunstwerke und Zeichnungen von antiken Bauwerken nach Weimar brachte, stieß er bei seinem Dienstherrn offene Türen auf. Bald entstanden unter Goethes Leitung die ersten klassizistischen Bauten in Weimar. An den Ideen und Plänen dazu arbeiteten viele Baumeister – wie Arens, Gentz oder Coudray –, Bildhauer und Künstler, und Manches wäre ohne andere Universalbegabungen und weitblickende Kaufleute wie Bertuch niemals entstanden.

Weimar wäre eine politisch und kulturell unbedeutende Kleinstadt geblieben, hätten nicht zwei Generationen von Einzelpersönlichkeiten die Stadt weltbekannt gemacht. In Weimar verfassten sie theoretische Abhandlungen ebenso wie Gedichte, Theaterstücke, Dramen, Tragödien und Lustspiele, die man noch aus dem Deutschunterricht kennt. In Weimars Gassen, Gärten und bei Gesellschaften entsprangen sie dem Geist und der Phantasie. Hier erwachten literarische Gestalten auf dem Papier zum Leben, weltbekannte Helden wie Faust, Mephisto, Maria Stuart, Wilhelm Tell oder Iphigenie. In Weimar und den umgebenden Landsitzen kamen viele Theaterstücke zur Uraufführung, oft unter der Regie der Autoren. Und von Weimar aus sorgten Verleger und Drucker wie Bertuch für ihre Verbreitung. So vermischen sich in Weimar die fiktiven Gestalten aus den Hirnen der Dichter mit den Biografien der Dichter selber. Weimar, die Stadt der Originalschauplätze, erinnert an die Dichter und liefert deren Interpretation und Mythos gleich mit. Deshalb ‚funktioniert‘ Weimar für nahezu jeden Besucher, und unabhängig davon, ob jemand die hier entstandene Literatur gelesen oder nur einmal von der literarischen Gestalt gehört hat. Weimar bietet die Bilder zu den Geschichten. Die heitere Kleinstadtatmosphäre liefert die Illustration zu den vagen Vorstellungen. Die intimen Blicke auf persönliche Dinge der Dichter schaffen die Verbindung zu deren Werken.

Es ist der Geist des Ortes, der über allem schwebt. Ähnlich wie es Goethe mit Rom erging, kann Weimar euphorisierend wirken, wenn man in der Stadt die eigenen inneren Bilder erfindet. Dann wird das Beweisfoto, das die Klischees erfasst, uninteressant. Oh ja, auch wir wollten immer nach Weimar, einmal wenigstens. Doch schon bei der ersten Begegnung erlagen wir dem Zauber dieser Stadt und beschlossen, der Bücherstadt ein Buch zu schenken. Es ist nicht das erste Weimarbuch, zugegeben. Aber das erste durch unsere eigenen Augen.

Bauhaus-Universität Weimar, Wandmalerei im Treppenhaus

Altes Gymnasium, 1712

Musikgymnasium Schloss Belvedere

Kunst- und Kulturzentrum E-Werk

Weimarer Klassik und Weimarer Klassizismus

Weimar gilt als *die* Stadt der *Klassik.* Was meint man damit? Wieso heißt es *Weimarer Klassik?* Was ist im Unterschied dazu die *klassizistische Stadt?*

Das heute umgangssprachlich benutzte Adjektiv *klassisch* erhebt einen Anspruch auf Zeitlosigkeit und Allgemeingültigkeit. Es ist vage, unpräzise, und es schwingt immer ein leicht imperialistischer Ton mit. *Klassisch* ist in der Werbe- und Alltagskultur mehr eine Bewertung als eine sachliche Beschreibung. Wenn man von einer *klassischen Phase* spricht, meint man eine geistesgeschichtliche Reife- oder Blütezeit, so wie etwa die Regierungszeit von Kaiser Augustus als *römische Klassik* bezeichnet wird. Was im Alltag als *klassisch* eingeordnet wird, hat das Stadium des provozierenden Neuen lange hinter sich und gilt als ungefährlich und gesellschaftsfähig.

Mit dieser Betrachtung beginnen die Missverständnisse, denn *Klassik* ist im Zusammenhang mit Weimar ein literarischer Epochenbegriff. Geprägt wurde er von Germanisten im 19. Jahrhundert, die mit dieser Klassifizierung zugleich ihre Bewertung ausdrückten. Gemeint ist ein qualitativer Höhepunkt der deutschsprachigen Literatur um 1800. Ist nun Weimar eine Klassikerstadt oder eine Stadt der Klassiker – zumal die Architektur dort oft klassizistisch ist? Das Begriffsproblem scheinen auch die Weimarer zu haben.

Was also geschah in den letzten Jahrzehnten des 18. Jahrhunderts in Weimar, und wieso gerade dort? Was hat Weimar mit Rom zu tun, und warum träumten so viele Künstler aus Nordeuropa vom antiken Rom?

Weimar war Mitte des 18. Jahrhunderts eine von der Landwirtschaft geprägte, politisch und wirtschaftlich unbedeutende, verschuldete Kleinstadt wie manche andere, Residenz zwar, aber bis dahin nicht durch herausragende Architektur oder Kunst aufgefallen. Bei 6000 Einwohnern kannte man sich, zumindest vom Sehen. Heute hat Weimar etwa zehnmal so viele Einwohner und ist damit nach wie vor eine kleine Stadt. Um 1800, in einer Zeit ohne elektronische Massenmedien, in einer Gesellschaft, die auf persönlichen und schriftlichen Kontakten beruhte, ist es nachvollziehbar, dass die Jahrzehnte, die man rückblickend als die *(erste) Blütezeit Weimars* und *Weimarer Klassik* bewertet, durch den persönlichen Kontakt von Einzelpersonen entstand. Eine Hand voll adliger Gönner holte sich Intellektuelle bürgerlicher Herkunft. Vergleicht man Weimar mit einer damaligen Hauptstadt wie Paris, deren Bürger 1789 die Französische Revolution unmittelbar auf der Straße erlebten und deren Adelsmitglieder die bürgerliche Revolution oft mit dem Leben bezahlten, dann wird klar, dass die politisch und sozial einschneidenden Veränderungen des ausgehenden 18. Jahrhunderts nicht von Weimar ausgingen. Sie kamen vielmehr mit zeitlicher Verzögerung und weniger emotionaler Wucht dort an. In Weimar gingen die Uhren anders. Man lebte dort vom und für den Hof und von der Landwirtschaft. Außer Bertuchs *Industrie-Comptoir* (S. 108) gab es in Weimar keine großen Betriebe.

Wenn sich aber in Weimar seit Mitte des 18. Jahrhunderts einzelne Adelige überhaupt mit Bürgern ab-

Westflügel des Residenzschlosses

Reiterstandbild für Herzog Carl August, 1875

Durchfahrt, Südflügel des Residenzschlosses 1914

gaben, dann war dies nur möglich geworden, weil sich die Gesellschaft radikal im Wandel befand. Das Bürgertum war gegenüber dem Adel mächtiger, reicher und angesehener geworden.

Gesellschaftlich betrachtet, war dem enger werdenden Kontakt zwischen Adel und Bürgern die *Rechtfertigungskrise* vorausgegangen: Die Philosophie der Aufklärung hatte einen säkularen Staat gefordert, eine Trennung von Religion und Staat. Ein neues Menschenbild mit neuen Erziehungsidealen griff zumindest in gebildeten Kreisen um sich. Die neuen Ideale glaubten an den Menschen als vernunftbegabtes Wesen und seine Willensfreiheit. Die Schriften der Franzosen Voltaire (1694–1778) und Jean Jacques Rousseau (1712–1778) sorgten für sozialen Zündstoff und revolutionierten mit ihrer schriftlich verbreiteten Zivilisationskritik und ihren theoretischen Ausführungen über die grundsätzliche Gleichheit freier Menschen die bisherige feudale, auf feste Stände gegründete Gesellschaftsordnung. Der gebildete Adel glaubte im 18. Jahrhundert selbst nicht mehr unreflektiert an die Legitimität der althergebrachten Privilegien, die im Widerspruch zu gelockerten Verpflichtungen standen.

Im 18. Jahrhundert bildeten sich neue Formen von Gesellschafts- und Diskussionszirkeln, bürgerliche Salons, Clubs und Logen. Die Debatten fanden in den neuen Zeitschriften ihren Niederschlag und weitere Verbreitung. Schließlich mündete die Kritik an den ungerecht verteilten Privilegien 1789 in der Französischen Revolution. Das wirtschaftlich erstarkte Bürgertum wollte nun auch politische Macht und mehr Ämter übernehmen. Bürgerliche Intellektuelle wie Wieland, Knebel, Bertuch oder Goethe können als Prinzenerzieher, Schatzmeister oder Minister in den engen Berater- und sogar Freundeskreis von Fürsten aufgenommen werden, der Schustersohn Winckelmann wurde im Vatikan mit der Antikensammlung des Papstes betraut. Seit Luther hatte die römisch-katholische Kirche ihre allein seligmachende Monopolstellung in Westeuropa eingebüßt, der Augsburger Religionsfriede hatte die europäische Gesellschaftsordnung verändert, und schließlich wird 1789 die Erste allgemeine Erklärung der Menschenrechte verlesen.

Anna Amalia bereitet Grundlagen

In diesem Jahrhundert der sozialen und geistigen Umbrüche wird eine sehr junge Prinzessin, Anna Amalia, Prinzessin zu Braunschweig-Wolfenbüttel, zur Wegbereiterin für das *klassische Weimar*. Anna Amalia war am Wolfenbütteler Hof erzogen worden und dort mit Kunst, Musik und Philosophie aufgewachsen. Sie war die Nichte von Friedrich dem Großen, der sich seinerseits intensiv mit den zeitgenössischen Philosophen Rousseau und Voltaire auseinandergesetzt hatte. Als Philosoph und zeitweise Vertrauter des preußischen Königs kritisierte Voltaire nicht nur den Absolutismus und die Feudalherrschaft, sondern stellte gleichermaßen das Machtmonopol der Kirche infrage. Seine Schriften bereiteten intellektuell den Weg zur Französischen Revolution.

Hof des Residenzschlosses   Trophäe im Hof des Residenzschlosses

Auch Anna Amalia kennt die Schriften der Aufklärung und ist offen für diese zeitgenössischen Gedanken, als sie mit 16 Jahren 1756 mit dem jungen, kränklichen Herzog von Sachsen-Weimar-Eisenach verheiratet wird. Noch vor der Geburt ihres zweiten Sohnes Constantin stirbt ihr Mann. Als 19-jährige Witwe mit zwei kleinen Söhnen gibt Anna Amalia nun aber keineswegs die Regierungsgewalt ab, sondern übernimmt die Vormundschaft für ihren einjährigen Sohn und Thronfolger.

Anna Amalia umgibt sich ihr Leben lang mit bürgerlichen Intellektuellen und sucht in der Zurückgezogenheit ihrer Landsitze wie in Tiefurt das vermeintlich echte, naturnahe Leben. Es gelingt ihr, rund 16 Jahre lang das durch Kriege und die Misswirtschaft ihrer Amtsvorgänger finanziell heruntergewirtschaftete Herzogtum zu regieren. Sie saniert den Staatshaushalt durch kluge Sparmaßnahmen, baut wenig, und investiert in Kunst und Literatur.

Sie verlässt sich nicht auf traditionelle Wertvorstellungen, sondern holt sich 1772 den durch kritische, geistvolle und gewitzte Abhandlungen bekannt gewordenen Christoph Martin Wieland (S. 20), *den deutschen Voltaire* als Erzieher für ihre beiden Söhne an den Hof. Durch Wieland kommt zwei Jahre später Carl Ludwig von Knebel als weiterer Prinzenerzieher; Knebel wiederum steht in Kontakt mit dem literarisch erfolgreichen Juristen Johann Wolfgang Goethe in Frankfurt am Main und organisiert im Dezember 1774 die erste Begegnung mit dem bald volljährigen Thronfolger Carl August und dem 25-jährigen Dichter. Als Carl August 1775 dann mit 18 Jahren die Regierung antritt und seine Mutter Anna Amalia abdankt, holt er Goethe nach Weimar. Dieser sollte dort fast sechs Jahrzehnte, bis zu seinem Tod 1832, leben. Durch Wieland und Goethe zog es weitere Persönlichkeiten wie Herder und Schiller nach Weimar.

Als ihr Sohn Carl August die Regierungsgeschäfte übernimmt, kann Anna Amalia sich ganz der Kultur widmen. Sie pflegt jahrzehntelang Kontakt mit Künstlern, Malern, Dichtern und Philosophen, lädt in ihre Weimarer Stadtwohnung (das *Wittumspalais*) und ihre Landsitze (Tiefurt und Belvedere) ein, diskutiert und fördert etliche Theateraufführungen. Durch Anna Amalia erhalten Literatur und Theater einen physischen Ort: Weimar. Die *Weimarer Klassik* ist ein Kunstbegriff, mit dem man die Vielfalt und die nun in kurzer Zeit produzierte große Menge der literarischen Äußerungen zu fassen versucht. Musik gehört auch dazu, doch die innovativen Zentren neuer Kompositionen liegen nicht in Weimar, sondern an den bedeutenden Höfen wie Wien. In der Musik spricht man von der *Wiener Klassik*, als deren bekannteste Vertreter Mozart, Beethoven oder Haydn gelten.

Aufklärung und Französische Revolution

Bereits Jahrzehnte vor der Französischen Revolution waren die lange fälligen Forderungen nach Freiheit, Gleichheit und Brüderlichkeit formuliert worden, die auch Anna Amalia gelesen hatte. Seit 1792 erschüt-

Marktplatz, neugotisches Rathaus von 1841   Alljährlicher Töpfermarkt

terten die Revolutionskriege Europa, die Hinrichtung des französischen Königs Ludwig XVI. 1793, die Hinrichtung Dantons und Robespierres, der Staatsstreich und das Kaiserreich Napoleons, die napoleonischen Kriege um die Vorherrschaft in Europa und schließlich der Säkularisation und die Auflösung des Heiligen Römischen Reiches Deutscher Nation im Jahr 1806. Es waren kriegsreiche, gefährliche Jahre, auch für Weimar, als Napoleon die Schlacht bei Jena-Auerstedt gewann.

Das große Thema dieser unsicheren Zeit war die *Freiheit* des Einzelnen: Zu diesem *klassischen* Diskurs gehört, dass man Gefühl und Verstand, Emotion und Ratio einander gegenüberstellt. In schweren Zeiten des Umbruchs braucht man eine Hoffnung; damals war es die Hoffnung auf die heilende Wirkung der Erziehung zu einer besseren Welt. Die Generation von Klopstock, Rousseau, Kant und Voltaire wollte daran glauben, dass man Menschen durch Aufklärung, durch Schulung des Verstandes, mit hochrangiger Kunst und Literatur zu menschlichem Handeln erziehen könne und diese nunmehr freien, vernunftbegabten und gebildeten Menschen eine bessere, vernunftgesteuerte Zukunft gestalten könnten. Für die *Weimarer Klassiker*, namentlich für Schiller, war das *Theater* Mittel und Weg zu dieser sittlichen Erziehung.

Die Herrschaft des klaren Verstandes über das chaotische Gefühl wäre nicht denkbar ohne neue kunsttheoretische und ästhetische Sichtweisen auf die griechische Kunst der Antike: Die Bücher von Johann Joachim Winckelmann schufen die Grundlage für die Gedanken der Klassik. Winckelmann veröffentlichte 1755 – zu Zeiten der jungen Herzogin Anna Amalia – seine *Gedanken über die Nachahmung der griechischen Werke in der Malerei und Bildhauerkunst* und 1764/67 seine *Geschichte der Kunst des Alterthums*. Damit begründete Winckelmann – der nicht weit von Weimar entfernt in Schloss Nöthnitz in Bannewitz für den mächtigen sächsischen Minister Brühl als Bibliothekar an einer mehrbändigen Weltgeschichte arbeitete – nicht nur die historischen Disziplinen der Archäologie und Kunstgeschichte und prägte mit seiner Methode die Kunstbetrachtung. Winckelmann war einer der frühen Stars, die durch Bücher die Welt veränderten.

Die *Weimarer Klassik* sah und beschrieb Kunst, besonders die gern gesammelten Werke der antiken griechischen Skulptur, durch die Augen Winckelmanns, der vom Kunstbetrachter leidenschaftlich forderte: „*Du musst mit ihnen* (den Kunstwerken) *wie mit einem Freunde* (!) *vertraut sein.*" Große, vorbildliche Kunst, die zum Schönen erziehen kann, bedeutet für Winckelmann, ebenso wie für die nächste Generation von Goethe und Schiller: Antike Kunst. Bei den Werken der Antike stimmten nach damaliger Sichtweise Inhalt und Form überein, hier werden Gefühl und Verstand in Einklang gebracht, hier herrscht die schöne Seele über den schönen Leib, den sie sich geformt hat. Das Schöne ist dabei stets das Gute. Durch das Schöne, so Winckelmann, schwinge sich die Seele auf zum Guten. Kein neuer Gedanke zwar, bei Platon formuliert und

Rekonstruierte Nordseite
des Marktplatzes

Neptun von Martin
Gottlieb Klauer, 1774

Cranachhaus am Marktplatz

im mittelalterlichen Neoplatonismus aufgegriffen, aber im revolutionsgeschüttelten späten 18. Jahrhundert in Frankreich und Deutschland eine schöne Idee, die dankbar aufgenommen wurde.

Damit schließt sich der Kreis zum Erziehungsideal der Klassik, der *schönen Seele*. Einer schönen Seele erfreut sich derjenige Mensch, bei dem Pflicht und Neigung übereinstimmen, der nicht gehetzt und getrieben ist, sondern der in sich ruht, und aus dieser Ruhe heraus zu klaren, vernünftigen Entscheidungen für sein Handeln kommt. Ein harmonisches, menschenfreundliches und tolerantes Zusammenleben in Frieden ist der Traum der Aufklärung, das Erziehungsziel der Humanisten und die Botschaft der klassischen Literatur. Sie mischt sich nicht in aktuelle tagespolitische Grabenkämpfe ein, sondern sucht überzeitliche Lösungsmodelle. Dafür wird sie bis heute bewundert, zitiert und ihre Helden als Vorbilder herangezogen. Deshalb werden immer wieder neue Schülergenerationen nach Weimar fahren, an die Quelle, den Ursprungsort, wo *die Klassik* entstand.

Weil die Welt aber voller Widersprüche bleibt, ist die bevorzugte Gattung der Weimarer Klassik das Drama. Schiller führt mit Gestalten wie *Wilhelm Tell*, *Maria Stuart* oder in den *Räubern* vorbildliches, allgemein gültiges Handeln vor, Goethe schafft mit seiner Aufbereitung des alten Faust-Stoffs den Prototypen eines wissensdurstigen Menschen auf der Suche nach dem Sinn des Lebens und Ursprung alles Seienden. Es sind diese überzeitlichen, überkulturellen Themen, denen jede neue Generation wieder begegnet, dieses ständige Scheitern des Anspruchs an der Wirklichkeit, dieser Kampf zwischen Pflicht und Neigung, und das Entsetzen angesichts von Gewalt und Dummheit – diese universalen Erfahrungen machen *die klassische Literatur* immer wieder aktuell.

Das klassizistische Weimar

Das klassische Weimar könnte man, so gesehen, nur er*lesen*, gäbe es nicht ein weiteres Spezifikum *der Klassik*: Die untrennbare Wechselwirkung zwischen Literatur, Theater, Architektur, Kunst und Mode. Goethe war eben nicht nur Dichter, sondern Jurist, Minister, Bauherr, Forscher und Zeichner; Anna Amalia war nicht nur Regentin, sondern zeichnete, komponierte und schrieb. Die Ideen von Philosophen und Autoren schlugen sich in städtebaulichen Projekten nieder; die Architektur des *klassischen Weimar* ist das *klassizistische Weimar*. Weil man hier konservativ und sparsam war, baute man dort länger im klassizistischen Sinne als andernorts.

Der bekannteste Architekt für die Phase des Klassizismus in Weimar war Clemens Wenzeslaus Coudray, der in Paris die Revolutionsarchitektur kennengelernt hatte und dann über Fulda nach Weimar kam. Er prägte nicht nur viele einzelne Gebäude, die er im Auftrag des Herzogs oder wohlhabender Bürger wie Bertuch ausführte, sondern auch das Gesicht ganzer Straßenzüge mit mehrgeschossigen bürgerlichen Wohnhäusern, wie sie heute noch die Marienstraße, die

Herder 1850   Wieland 1857   Goethe-Schiller 1857   Gedenkmünzen

Steubenstraße oder die Heinrich-Heine-Straße prägen. Charakteristisch für die Architektur Coudrays ist eine klare Gliederung der Fassade, die hell verputzt wurde, wie etwa bei der Fürstengruft, der neuen Wache oder der ehemaligen Wagenremise am Theaterplatz.

Innerhalb weniger Generationen stieg im 19. Jahrhundert die Einwohnerzahl über 7000. Es wurde nun städtischer: Bauernhöfe, Nutzgärten und Scheunen verschwanden, stattdessen entstanden Miethäuser, Schulen, Villen, Museen und Archive an neu angelegten Straßen und Plätzen.

Die Musealisierung der Klassik im 19. Jahrhundert

Kaum zwei Generationen nach Anna Amalia wurden die Dichter *des klassischen Weimar* gleichsam posthum geadelt: Aus Dichtern – aber nur aus vieren – wurden Dichter*fürsten* gemacht, indem man zu ihren (?) Ehren im Schloss eine *Dichtergalerie* schuf (S. 112). Die Dichterverehrung war politisches Programm, denn das Herzogtum war in der ersten Hälfte des 19. Jahrhunderts immer noch ein wirtschaftlich unbedeutendes Land unter anderen Kleinstaaten, und wollte sich nun aber, durch Sparsamkeit und geschickte Heiratspolitik etwas finanzkräftiger geworden, als Herrscherhaus neu positionieren. Nach den napoleonischen Kriegen brauchte man *Traditionen*. Die Verheiratung von Carl Augusts Sohn mit der Zarentochter Maria Pawlowna brachte Weimar neben Geld und politischer Vorteile kulturell eine *zweite Blütezeit*. Maria Pawlowna schuf mit den *Dichterzimmern* im Residenzschloss die ersten offiziellen Gedenkräume an die *große alte Zeit der Klassik* in Weimar, als wäre sie schon immer da gewesen.

Maria Pawlownas Sohn Carl Alexander wurde in die Zeit der beginnenden Klassikerverherrlichung hineingeboren. Er hatte gesehen, dass es *das klassische Weimar* war, das den Ruf seiner Residenzstadt begründete. Während seiner langen Regierungszeit von über 50 Jahren (1853–1901) förderte er die Kultur. Dieser Enkel von Carl August sorgt nun gemeinsam mit Goethes letztem Enkel dafür, dass die *große Vergangenheit* der Großväter im öffentlichen Gedächtnis bewahrt bleibt, indem er Orte des Gedenkens einrichtet: das Reiterstandbild für Carl August, das Goethe- und Schillerarchiv, das Großherzogliche Museum (das spätere Landesmuseum), die Schillerstiftung, die Goethe- und die Shakespeare-Gesellschaft, außerdem etliche Denkmäler zur *Verschönerung* der Stadt. Wie viele Zeitgenossen sah sich Herzog Carl Alexander als Vollender einer einst großen Vergangenheit. Die Namen der Herzöge verwechselt man, aber man erinnert sich an die Dichter, deren Mythos sie schufen. Der Preis ist hoch: Die Familien-Grablege, die *Fürstengruft*, interessiert selten, man will in die *Goethe-Schiller-Gruft*. Hinter dem Begriff der *Weimarer Klassik* verbirgt sich ein ganzer Kosmos von Phänomenen der Umwidmung und nicht zuletzt ein Stück Denkmalgeschichte, das sich an wenigen Orten so eindringlich und lebendig erschließt wie in Weimar.

Gedenkmünze

Carl August 1875

Sockel des zerstörten Denkmals für Carl Alexander vor dem Erholungsgebäude, Goetheplatz

Lebenslinien

Das klassische und klassizistische Weimar

1800

Anna Amalia (1739–1807)

Ernst August II. Constantin (1737–1758)

Luise Prinzessin von Hessen-Darmstadt (1757–1830)

Carl August von Sachsen-Weimar-Eisenach (1757–1828)

Maria Pawlowna (1786–1859)

Carl Friedrich (1783–1853)   Sohn von CA und L

Carl Alexander (1818–1901)

Johann Joachim Winckelmann (1717–1768)

Christoph Martin Wieland (1733–1813)

Carl Ludwig von Knebel (1744–1834)

Johann Gottfried Herder (1744–1803)

Johann Wolfgang Goethe (1749–1832)

Friedrich Schiller (1759–1805)

Johann Peter Eckermann (1792–1854)

Charlotte von Stein (1742–1827)

Christiane Vulpius (1765–1816)

Friedrich Justin Bertuch (1747–1822)

Justus Erich Walbaum (1768–1837)

Johann August Arens (1757–1806)

Heinrich Gentz (1766–1811)

Clemens Wenzeslaus Coudray (1775–1845)

Franz Liszt (1811–1886)

Lebensdauer

Anwesenheit in Weimar

Regierungszeit

1772 Wieland kommt als Prinzenerzieher nach Weimar
1774 Das Residenzschloss brennt ab
1775 Herzogin Anna Amalia bezieht das Wittumspalais
1775 Herzog Carl August tritt die Regierung an
1775 Goethe zieht nach Weimar
1776 Carl August schenkt Goethe das Gartenhaus im Ilmpark
1778 Bertuchs Park

1786/88 Goethe reist nach Italien
ab 1789 Das Residenzschloss wird wieder aufgebaut
1789 Französische Revolution

1794 Schiller und Goethe schließen ihren Schaffensbund
1792/97 Römisches Haus, erster klassizistischer Bau in Weimar

1803 Herzog Carl August bezieht das wiederaufgebaute Residenzschloss

1806 Sieg Napoleons in der Schlacht bei Jena und Auerstedt

1822/27 Fürstengruft (Goethe- und Schiller-Gruft)

1834/40 Dichtergalerie im Residenzschloss

1760   1770   1780   1790   1800   1810   1820   1830

1900

Die Musealisierung der Klassik — *Zwischen Jugendstil und Bauhaus*

Sohn von CF und MP

Wilhelm Ernst (1876–1923) Enkel von CA

Friedrich Nietzsche (1844–1900)

Elisabeth Förster-Nietzsche (1846–1935)

Henry van de Velde (1863–1957)

Harry Graf Kessler (1868–1937)

Walter Gropius (1883–1969)

Adolf von Donndorf (1835–1916)

1847 Die Stadt Weimar erwirbt Schillers Wohnhaus
1850 Herder-Denkmal
1857 Wieland-Denkmal
1857 Goethe- und Schiller-Denkmal von Ernst Rietschel
1875 Reiterstandbild für Großherzog Carl August
1885 Goethe- und Schiller-Archiv
1885 Goethes Wohnhaus geht in Besitz des Großherzogtums über
1885 Goethe-Nationalmuseum
1893 Gebäude für das Goethe- und Schiller-Archiv
1896/97 Nietzsche-Archiv in Weimar
1902/03 Umbau des Nietzsche-Archivs
1908 Neubau des Hoftheaters (Deutsches Nationaltheater)
1908 Haus Hohe Pappeln
1904/11 Kunstschulbauten
1919 Staatliches Bauhaus (ehemalige Kunstschulbauten)
1923 Haus am Horn
1925 Gropius verlegt das Bauhaus nach Dessau

1850 1860 1870 1880 1890 1900 1910 1920

Christoph Martin Wieland

Mit Anna Amalia und Wieland fing alles an. Zumindest das, was man *die Weimarer Klassik* nennen sollte. Der Weimarbesucher, der nachvollziehen will, was damit gemeint ist, sollte nicht in einem Weimarer Museum beginnen, sondern sich nach Draußen, in die Landschaft an der Ilm begeben, hierher auf das so genannte Wielandgut in Oßmannstedt, einen ebenso bezaubernden wie informationsreichen Ort. Wer die Klassik verstehen will, dem sei überdies empfohlen, mit dem Fahrrad zu kommen, ein Radweg führt von Weimar bis zum Wielandgut. Wieland selbst brauchte damals zu Fuß etwa anderthalb Stunden hierher.

Die Klassik ist nicht denkbar ohne Refugien wie dieses. In der Natur suchte auch Wieland Distanz vom engen öffentlichen Leben, um in Ruhe arbeiten und Gäste beherbergen zu können. Auch – oder weil – in der herzoglichen Hauptstadt kaum 6000 Menschen lebten, kannte man sich und war beobachtet. *Die Klassiker* sehnten sich nach der *reinen Natur.*

Wieland kaufte das Gut 1797, als er 63 Jahre alt war, und er zog mit seiner großen Familie – von 14 Kindern hatten neun das Erwachsenenalter erreicht – mit sieben Kindern und vier Enkeln aufs Land. Doch im Frühjahr 1803, zwei Jahre nach dem Tod seiner geliebten Frau, verkaufte er sein *Osmantinum* wieder – so nannte er das Gut, frei nach *Sabinum,* dem Landgut von Horaz. In diesen sechs Jahren erlangte das Wielandgut weltliterarische Bedeutung. Wenige Jahre zuvor hatte bereits Anna Amalia mit ihren Söhnen in den Sommermonaten 1762 bis 1775 hier gewohnt, und

Johann Gottlieb Fichte arbeitete 1775 im Gutshaus. Wieland schrieb hier intensiv und führte zugleich ein gastfreundliches Haus für viele Literaten und Künstler, wie Heinrich von Kleist (1803), Jean Paul (ab 1798), Johann Gottfried Seume (ab 1801), Goethe oder Wielands Jugendliebe Sophie von La Roche, die populärste deutsche Schriftstellerin, die ihre Enkel Sophie, Clemens und Bettina Brentano mitbrachte.

Mit der Enteignung des letzten Gutsbesitzers 1947 wird das Wielandgut nicht mehr bewirtschaftet, sondern als Schule und Museum genutzt. Seit 2005 ist das sanierte Anwesen mit seiner neuen Ausstellung wieder geöffnet. Dass diese Wirkungsstätte Wielands gerettet werden konnte, darf man als Geschenk empfinden. Die Restaurierung der seit 1953 bestehenden Wieland-Gedenkstätte verdankt sich dem langjährigen Bemühen vieler Einzelner, nicht zuletzt der Jan-Philipp-Reemtsma-Stiftung, die die Sanierung unterstützte.

Mit Wielands Ankunft in Weimar begann der Aufstieg der Stadt zum kulturellen Zentrum in Deutschland: Es war die Herzogin Anna Amalia, die 1772 den kaum 40-jährigen, in Erfurt Philosophie lehrenden Professor Christoph Martin Wieland (1733–1813) als Prinzenerzieher für ihre 1757 und 1758 geborenen Söhne verpflichtete. Wieland zählte zu diesem Zeitpunkt durch seinen Roman *Der goldne Spiegel* längst zu den berühmtesten deutschsprachigen Autoren. Kaum in Weimar angekommen, entwarf er ein kulturpolitisches Programm für die Stadt – drei Jahre, bevor Goethe kam. Wieland schrieb mit seiner auf die

Das am 25. Juni 2005 wieder eröffnete Wielandgut mit dem barocken Brunnenhaus beherbergt das *Wieland-Museum,* eine *Forschungsstelle Wieland* und die Bildungsstätte der *Klassik Stiftung Weimar.*

In den Oßmannstedter Jahren verfasste Wieland unter anderem *Gespräche unter vier Augen,* den *Aristipp* und übersetzte Werke von Xenophon aus dem Griechischen.

kleine Opernbühne der Herzogin zugeschnittene Oper *Alceste* 1773 die erste durchkomponierte ernste deutsche Oper; er gründete mit seinem *Teutschen Merkur* eine kritische Zeitschrift für Kultur und Politik nach französischem Vorbild und machte sich einen Namen als politischer Journalist, Herausgeber und Übersetzer. Von den Franzosen wurde er bald respektvoll *der deutsche Voltaire* genannt. Das Sprachgenie zeigte, dass man mit der deutschen Sprache ebenso elegant umgehen konnte wie mit der italienischen oder französischen. Seinen Roman *Geschichte des Agathon* nannte Lessing den ersten deutschen Roman *„für den denkenden Kopf von klassischem Geschmacke"*. Seinen jüngeren Konkurrenten und den Anhängern des *Sturm und Drang* aber galt der souveräne Freidenker als unchristlich, unmoralisch, nicht national(-istisch) genug.

Wieland reagierte auf Polemik zeitlebens mit Humor und Gelassenheit. Er sah in der griechischen Antike das Vorbild der europäischen Kulturen und distanzierte sich aus dieser Weltoffenheit heraus von den kleingeistigen nationalen Dichtungen, die er schlicht für einen Rückfall auf eine niedere Stufe der Zivilisation hielt. Darin stimmte er mit der sechs Jahre älteren Herzogin Anna Amalia überein, der er bis zu ihrem Tod 1807 als enger Freund und Berater verbunden blieb.

Wieland wurde 80 Jahre alt. Er erlebte noch die erste große Gesamtausgabe seiner Werke, für die er am 14. April 1792 mit dem Verleger Georg Joachim Göschen einen Vertrag schloss. Als Zeuge unterschrieb Friedrich Schiller. Bis 1802 erschienen 36 Bände und

sechs Supplementbände, bis 1811 folgten drei weitere. Zwei Jahre später starb Wieland. Damit gelten Wielands *Sämmtliche Werke* als aufwendigste je zu Lebzeiten eines deutschen Autors veröffentlichte Werkausgabe, eine Sensation, und eine verlegerische Pionierleistung obendrein. Der Verlegerkollege Bertuch (S. 108) schrieb dazu 1793 an Göschen: *„Wieland ist nun ohnstreitig der erste klassische Dichter der Nation; man wird ihn immer kaufen, und jeder Teutsche, der nur ein paar Dutzend Bücher sammelt und nur auf einen Schatten von Litteratur und Geschmack Anspruch macht, wird seinen Wieland so gut haben müssen, wie der Franzoß seinen Voltaire und der Engländer seinen Milton oder Pope hat."* Er sollte sich irren.

Kann es einen bezugreicheren Begräbnisplatz für den Begründer der neuen deutschen Literatur geben als im Park seines Guts am Ufer der Ilm?

Das Grab von Wieland († 1813), seiner Frau Anna Dorothea († 1801) und Sophie Brentano († 1800), der Enkelin seiner Jugendliebe Sophie von La Roche, ist ein besonderer Ort, der zum Verweilen und Nachdenken einlädt.

Wieland verfasste 1806 das Distichon auf dem 1807 eingeweihten Denkmal: *„Liebe und Freundschaft umschlang die verwandten Seelen im Leben – Und ihr Sterbliches deckt dieser gemeinsame Stein."*

Herzogin Anna Amalia

Tafelrunde im Wittumspalais – das klingt nach Sahnetörtchen und Seniorenkränzchen adliger Damen. In vielerlei Hinsicht ist hier das Gegenteil der Fall: Als Herzogin Anna Amalia 1775 mit 36 Jahren ihrem Sohn die Herrschaft übergibt und ihren Witwensitz bezieht, geht für sie und ihre Freunde das gesellige, kulturelle Leben erst richtig los. Zu diesem Zeitpunkt hat Anna Amalia das Herzogtum bereits 16 Jahre regiert, die Schulden ihrer Amtsvorgänger abgetragen und nebenher zwei Söhne erzogen. Nun will sie sich außerhalb amtlicher Verpflichtungen und Etikette einen neuen Freundeskreis aufbauen. Ohne die *Tafelrunde* wäre die Mythenbildung und Stilisierung des *klassischen Weimar* kaum denkbar. Die Regionalgeschichtsschreibung schuf für die Weimarer Klassik sogar den Begriff *Goldenes Zeitalter*. Trotz dieser Bedeutung konnten wohl die wenigsten Menschen außerhalb Weimars bis zum 2. September 2004 den Namen Anna Amalia Prinzessin zu Wolfenbüttel-Braunschweig und Herzogin von Sachsen-Weimar-Eisenach zuordnen. Seit diesem Tag war sie für einige Zeit in den Medien. Leider aus einem traurigen Grund: Ein Feuer hatte ihre berühmte Bibliothek, Bestandteil des *UNESCO-Welterbes klassisches Weimar*, teilweise zerstört.

So wurde der Name dieser klugen Politikerin fast 200 Jahre nach ihrem Tod abermals mit einem Schlossbrand verbunden: In das Wittumspalais zog sie ein, nachdem ihr Stadtschloss (S. 42) bei einem nächtlichen Blitzeinschlag 1774 niederbrannte, und sie schnell nach Ausweichmöglichkeiten für ihre Hofhaltung suchen musste. Für ihren damals noch nicht ganz volljährigen Sohn Carl August bestimmte sie das dem Schloss gegenüberliegende Fürstenhaus (S. 38), in dem er mit seiner späteren Familie fast 30 Jahre wohnen sollte. Für sich selbst und ihren Hof suchte Anna Amalia 1774 eine andere Unterkunft in Weimar.

In dieser Situation bot ihr der oberste Berater und leitende Beamte des Geheimen Conciliums, Hofrat Jakob Friedrich von Fritsch, sein eigenes Palais an, in dem er seit 1769 mit seiner Familie wohnte. Das zweigeschossige Gebäude mit dem hohen Mansarddach steht nach wie vor an einer städtebaulich exponierten Stelle an der Ecke Schillerstraße / Theaterplatz. Die Herzogin nahm das Angebot dankbar an und kaufte ihrem Minister das Palais ab. Von Fritsch hatte sich das Palais 1767 anlässlich seiner Hochzeit von dem Baumeister Johann Gottfried Schlegel bauen lassen. Schlegel errichtete aber keinen Neubau, sondern bezog ein bereits bestehendes, hochgiebeliges Eckhaus aus dem späten 16. Jahrhundert mit in den spätbarocken Neubau ein. Zuvor lag auf diesem Gelände ein Franziskanerkloster. Das Palais war zwischen der inneren und äußeren Stadtmauer errichtet worden und wirkte vor der Aufschüttung des heutigen Theaterplatzes durch sein Sockelgeschoss höher. Heute schaut man von der Schillerstraße in einen Graben vor der Südfassade auf das unter dem heutigen Niveau liegende Sockelgeschoss hinab. Anna Amalia selbst hatte Jahre zuvor, 1757, an dieser Stelle eine herrschaftliche Promenade anlegen lassen, indem sie die unnötig gewordenen Wallanlagen mit Gräben hatte einebnen und gärtnerisch mit Bosketts gestalten lassen.

Das Wittumspalais erhebt sich an zentraler Stelle in der Weimarer Altstadt: am Theaterplatz neben dem Bauhaus-Museum, gegenüber dem Nationaltheater.

Das Wittumspalais der
Herzogin Anna Amalia ist
ein zweigeschossiges, spät-
barockes Gebäude mit
ausgebautem Mansarddach.

Der heutige Eingang zu dem
museal genutzten Palais befindet sich im rückwärtigen
Teil des Anwesens. In diesem
tiefer liegenden Innenhof
erkennt man ältere Neben-
gebäude, die der Baumeister
Johann Gottfried Schlegel
beim Bau des Palais ab 1769
mit in sein Bauten-Ensemble
einbezog.

Hinter diesen Fenstern
liegen die repräsentativen
Räume der Herzogin:
der Salon, in dem ihre *Tafelrunde* stattfand, und der
Festsaal, der ab 1804 von
Johann Heinrich Meyer
in klassizistischen Raum-
vorstellungen umgestaltet
wurde.

Seit ihrem Einzug konnte die Herzogin 1775 von ihrem Palais direkt auf das gegenüberliegende Theater blicken – einen Vorgänger des heutigen Nationaltheaters –, das sie besonders schätzte und dessen Bau sie veranlasst hatte. Auf der anderen Seite führte die Esplanade, die heutige Schillerstraße, als begrünte Promenade direkt auf ihr Haus zu. Die Innenräume ließ sich die Herzogin vor ihrem Einzug von dem bekannten Leipziger Kunstmaler Adam Friedrich Oeser (1717–1799) ausmalen. Viel mehr musste sie nicht verändern, als sie das kaum sechs Jahre alte Palais ihres Ministers bezog. Es sollte alles schnell und vor allem kostengünstig vor sich gehen. Erst Jahre später, ab 1804, ließ Anna Amalia unter Goethes Einfluss den Festsaal in der Mode der Zeit nach klassizistischen Raumvorstellungen (S. 31) neu gestalten. Nachdem sie mehr als 30 Jahre ein geselliges Leben geführt hatte, starb Anna Amalia am 10. April 1807.

Die heutigen Räume geben den Zustand wieder, der beim Tod der Herzogin 1807 bestanden hatte. Die erste Renovierung hatte 1871 stattgefunden, mehr als 60 Jahre nach dem Tod der Herzogin. Im Zweiten Weltkrieg wurde das Gebäude schwer beschädigt. Bis 1949 hatte man es, so gut es in den Notzeiten damals ging, wieder repariert. Doch 30 Jahre später waren gründliche Restaurierungsmaßnahmen nötig, die 1982 bis 1990 und 1995 durchgeführt werden konnten. Nach den Ergebnissen dieser restauratorischen Untersuchungen wurden die Innenräume rekonstruiert und mit dem Inventar von 1807 ausgestattet.

Das Wittumspalais hat für das klassische Weimar eine große Bedeutung, denn mit der *Tafelrunde der Anna Amalia* etablierte sich drei Jahrzehnte lang die beständigste gehobene Begegnungsstätte in Weimar. Mit *Tafelrunde* ist gemeint, dass die in ihrer Jugend von der Aufklärung und den Schriften Voltaires und Rousseaus geprägte, weltoffene, vitale und gebildete Herzogin einen *Salon* nach französischem Vorbild einrichtete und damit einen halbprivaten Rahmen schuf, in dem Adelige mit Bürgern zum geistvollen Disput zusammenkamen. Hier entstanden neue Ideen für das Theater, die die Gäste der Tafelrunde bei Aufführungen in Tiefurt, im Redoutenhaus, und seit 1780 auch im neuen Komödienhaus ausprobierten. Zur Tafelrunde waren oft die *vier Großen* geladen: Wieland, ehemaliger Erzieher des Thronfolgers, dem dieser seit seiner Volljährigkeit 1775 eine lebenslange Apanage gewährte, damit er in Weimar bliebe; außerdem Goethe, seit 1776 Herder, und schließlich kam Schiller hinzu, der seit dem 29. April 1803 kaum eine Minute entfernt mit seiner Familie wohnte (S. 84). Zu den Gästen zählten neben Bertuch (S. 108), Knebel, Bode und Seckendorf auch Frauen wie Charlotte von Stein, Emilie und Elise Gore, Luise von Göchhausen und andere. Während die Tafelrunde im Winter hier stattfand, lud die Herzogin in den Sommermonaten auf die nahe gelegenen Schlösser Ettersburg und Tiefurt ein.

Die Einrichtung der Herzogin verzichtet auf höfischen Prunk und vermittelt mit den gediegenen, handwerklich hochwertigen, aber einfachen Möbeln einen

In diesen stimmungsvollen, gediegenen Räumen im Wittumspalais traf sich an einem runden Tisch ab 1775 Anna Amalias *Tafelrunde*. Dieser Salon nach dem Vorbild französischer Damensalons bestand mehr als drei Jahrzehnte.

Durch die Tafelrunde wird das *klassische Weimar* rückblickend gleichsam verortet. Auf der Liste der Gäste finden sich alle Namen, die mit dem Liebhabertheater und der Klassik in Verbindung gebracht werden. Erinnert sei etwa an Bertuch, Bode, Goethe, Gore und seine Töchter, Herder, Knebel, Kraus, Meyer, Musäus, Oeser, Seckendorf, Schiller, Wieland – und viele andere.

Die Büste zeigt Carl August,
den älteren Sohn der
Herzogin, in jungen Jahren.

gehobenen Geschmack, wie man ihn auch bei wohlhabenden Bürgern Weimars finden kann. Während
sich die Aristokratie bürgerlicher gibt, nehmen die auf-
steigenden Bürger einen aristokratischen Habitus an.
So baut sich beispielsweise Goethe ein auf Repräsentation angelegtes Treppenhaus mit einem antiken Skulpturenprogramm wie beim Schlosstreppenhaus.

Die für damalige Verhältnisse an einem Hof sehr
ungezwungene, gesellige Atmosphäre der Tafelrunde
wurde um 1795 durch das tausendfach reproduzierte
Aquarell von Georg Melchior Kraus überliefert. Wer
aber war Anna Amalia, die Begründerin des Weimarer
Musenhofes?

Im März 1756 kommt die 16-jährige Prinzessin
Anna Amalia von Braunschweig-Wolfenbüttel, Nichte
Friedrichs des Großen von Preußen, als Braut des kranken, 19 Jahre alten Herzogs Ernst August II. Constantin nach Weimar. Als sie zwei Jahre später, am 28. Mai
1758 mit 19 Jahren Witwe wird, ist ihr erster Sohn, der
1757 geborene Thronfolger, wenige Monate alt, und
Anna Amalia erwartet bereits ihr zweites Kind, das
drei Monate nach dem Tod seines Vaters geboren wird.
Gründe genug, sich zurückzuziehen. Doch die noch
nicht volljährige Anna Amalia beschließt zu regieren.
Sie wird anfangs noch von ihrem Vater unterstützt,
und regiert fast 16 Jahre lang, bis ihr Sohn Carl August
1775 volljährig wird. Ihre Politik zeichnet sich durch
etwas aus, das man heute Nachhaltigkeit nennt. Denn
mit Entsetzen sieht sie, wie ihr Schwiegervater, ein sinnenfroher, verschwenderischer Despot, ganz im Geiste
der Barockzeit, mehr als 20 Schlösser hatte bauen lassen, alle billig, schnell, und ebenso schnell wieder verfallen; seine Schulden trägt Anna Amalia ab und beginnt langfristige Programme wie eine groß angelegte
Reform des Forstwesens. Sie haushaltet sparsam und
investiert mit sicherem Gespür in Bildung und Kultur.

Nach der aktiven Politikerkarriere beginnt für die
kaum 35-jährige Politikern, Mutter zweier erwachse-
ner Söhne und Komponistin, ein neues Leben, denn
nun kann sie sich völlig der Kultur widmen. Darin wird
sie ebenso erfolgreich wie zuvor als Politikerin. Ihre
Tafelrunde entwickelt sich zum kulturellen Zentrum.

Die Landesherrin hat ein gutes Gespür für integre
politische Berater, die sie unterstützen, kritisieren
und anregen. Bei der Wahl der Prinzenerzieher sucht
sie keineswegs konservative Stubengelehrte, sondern

Anna Amalia wurde am
24. Oktober 1739 in Wolfen-
büttel als Tochter von
Karl I., Herzog von Braun-
schweig, und Philippine
Charlotte von Preußen,
einer Schwester von Friedrich dem Großen, geboren.
Sie starb am 10. April 1807
in Weimar, vier Jahre nach
Herder und zwei Jahre
nach Schiller. Das Gemälde
von Ferdinand Jagemann,
das die ältere Anna Amalia
zeigt, hängt im Tafel-
rundenzimmer des Wittums-
palais.

kritische Vordenker: 1772 gelingt es ihr, den damals bekanntesten deutschen Dichter, den Humanisten Christoph Martin Wieland (1733–1813), zu holen. Als politischer Journalist hat Wieland eine dezidierte Meinung, die er in seinen Büchern und seiner Zeitschrift *Der teutsche Merkur* (ab 1773) verbreitet. Anna Amalias Entscheidung für Wieland erwies sich als Glücksgriff: Mit Wielands Wirken beginnt das klassische Weimar.

Anna Amalia interessiert sich ebenso für Politik wie für Theater und Musik. Sie nimmt Unterricht in Komposition und Klavier bei dem Komponisten Ernst Wilhelm Wolf (1735–1792). Auch darin zeigt sie sich begabt und anspruchsvoll, auch wenn sie sich selbst nie als Komponistin verstand. Doch durch ihre Musikalität und Ausbildung gilt sie als ernstzunehmende Musikerin und Kritikerin mit gutem Gehör, so dass ihre musikalischen Salons durch den künstlerischen Anspruch bekannt wurden. Um so bedauerlicher ist es,

dass ihr um 1799 verfasstes musiktheoretisches Werk verschollen ist.

Wie viele andere geschichtsinteressierte Zeitgenossen, die es sich erlauben konnten zu reisen, lässt sich Anna Amalia von der *Italiensehnsucht* anstecken. Als Goethe, der prominente Minister ihres Sohnes, 1788 begeistert von seiner ersten Italienreise nach Weimar zurück kommt, reist die fast 50-jährige Herzogsmutter nach Italien ab. Sie bleibt, wie zuvor Goethe, fast zwei Jahre in Italien.

Die Weimarer Klassik bringt viele Theaterstücke und Uraufführungen hervor, denn Anna Amalia liebt das Theater. Sie gründet daher auch das Deutsche Schauspiel in Weimar. Der klassizistische Festsaal im zweiten Obergeschoss ihres Wittumspalais dient oft als Aufführungssaal und wird nach 1804 nach Goethes Ideen umgestaltet. Der ausführende Architekt ist Johann Heinrich Meyer, wie Goethe ein gern gesehener Gast bei der Tafelrunde. Bei seiner Umgestaltung mit

Der klassizistische Festsaal
entstand ab 1804 im zweiten
Obergeschoss des Südflügels.
Dabei wurde das Decken-
gemälde von Oeser von 1775
mit einbezogen. Marmor-
büsten von Houdon zeigen
Voltaire und Rousseau.
Der Festsaal wurde 1982–
1991 aufwendig restauriert.

Stucco-lustro-Wänden und einem Spiegelgewölbe bezieht Meyer das 1784/85 bereits geschaffene Deckengemälde von Adam Friedrich Oeser mit ein. Oeser
hatte – wie könnte es anders sein – sein Gemälde als
Huldigungsprogramm auf die kulturfördernde Herzogin entworfen und Anna Amalia als Athena dargestellt.
Zum Programm gehören die Marmorbüsten der
französischen Philosophen Voltaire (1696–1778) und
Rousseau (1712–1778), mit deren Werken Anna Amalia durch ihren Onkel Friedrich II. bekannt wurde.
Beide Büsten modellierte der bekannte französische
Bildhauer Jean Antoine Houdon (1741–1828). In diesem Festsaal hielt Goethe 1813 die Trauerrede auf
Christoph Martin Wieland.
Das Wittumspalais gehört seit 1998 zu den elf Bau-
denkmalen des UNESCO-Welterbes in Weimar.

31

Herzogin Anna Amalia Bibliothek

Anna Amalias herzogliche Amtsvorgänger hinterließen ihr billig gebaute Schlossruinen und Schulden; an ihre Namen erinnert man sich heute kaum. Die junge Herzogin aber renovierte eher die vorhandenen Gebäude mit sparsamen Mitteln, als dass sie neu bauen ließ – wenn man so will, ein früher Fall von Denkmalpflege. Anstatt zu bauen, las sie und sammelte Bücher. Ein Verhalten, das in jeglicher Hinsicht unspektakulär und wenig dazu geeignet scheint, dem eigenen Namen zu Unsterblichkeit zu verhelfen. Denn bekannt wird man durch Kriege, Schlösser und Standbilder. Was aber Anna Amalia damals nicht ahnen konnte, das war die langfristige Wirkung ihres beharrlichen Verhaltens auf ihre Stadt. Denn wo eine Nachfrage nach Literatur entsteht, werden Buchhändler und Verlage angezogen, und wo jemand Bücher sammelt und systematisch seine Bibliothek erweitert, werden Bibliothekare, Buchbinder, Drucker und nicht zuletzt Schriftsteller und Forscher angezogen, deren Wirken in einer

Kleinstadt mit kaum 6000 Einwohnern nicht lange folgenlos bleiben kann. Auf Dauer entsteht eine wirtschaftliche Schaukelwirkung, die nicht planbar war. Erst rückblickend erweisen sich die Bücher als Mobilien des Geistes, die Weimar zu Weltruf verhalfen. Deshalb lebt der Name der Herzogin als Wegbereiterin der Weimarer Klassik fort, und die Forschungsbibliothek in Weimar trägt seit 1991 mit Recht ihren Namen: Herzogin Anna Amalia Bibliothek.

Als Anna Amalia durch ihre Heirat 1757 nach Weimar kam, existierte bereits eine Hofbibliothek. Die Herzogin baute den Bestand systematisch weiter aus und ließ ab 1761 für ihre Bibliothek im ersten Geschoss des bestehenden so genannten Grünen Schlösschens einen Rokokosaal einbauen. Als bauliches Vorbild hatte sie die Bibliotheksrotunde aus ihrer Wolfenbütteler Heimat im Kopf, die Anfang des 18. Jahrhunderts auf Anregung von Gottfried Wilhelm Leibniz entstanden war und 1887 abgerissen wurde. 1766 war die Weima-

Von der Ilmseite gesehen, versteckt sie sich hinter Bäumen: Die alte Herzogin Anna Amalia Bibliothek mit dem grauen Treppenturm, der 1453 als Stadtturm errichtet worden war. Nur der nördlichste, der jüngste Teil der Bibliothek brannte nicht aus, weil dort noch die alte Brandmauer bestand.

Eines von vielen traurigen Bildern: Verbrannte Bücher. Die Bibliothek braucht nach wie vor Spenden für die Restaurierung der wertvollen alten Bücher.

rer Bibliothek bezugsreif. Das Grüne Schlösschen ist ein – keineswegs grünes – Renaissancegebäude, das sich Herzog Johann Wilhelm bis 1565 als fürstliches Wohngebäude mitten in einer Gartenanlage hatte errichten lassen. Heute steht es am Rande des Ilmparks, schräg gegenüber vom Residenzschloss und neben dem ab 1770 gebauten Fürstenhaus.

Einige Jahre später beauftragte Herzog Carl August 1797 seinen Minister Johann Wolfgang von Goethe und dessen Kollegen Christian Gottlob Voigt mit der Oberaufsicht über diese Bibliothek. Goethe leitete sie 35 Jahre lang, bis zu seinem Tod 1832. Er war es, der 1803 anregte, den bestehenden Verbindungsbau zwischen der Bibliothek und dem runden Stadtturm aus dem Jahr 1453 zu bauen. Im Turm selbst wurde bis 1825 ein Büchermagazin untergebracht und eine Wendeltreppe eingebaut, deren Spindel aus einem einzigen Eichenstamm gefertigt ist. Bis 1849 wurde das Bibliotheksgebäude um zwei Fensterachsen im Norden erweitert. Der Sammlungsschwerpunkt lag naturgemäß auf Büchern der klassischen Literatur bzw. Büchern, die etwa zwischen 1750 und 1850 erschienen.

Am 2. September 2004 zerstörte ein Brand das Dach und damit die zweite Galerie des Rokokosaales der Bibliothek. Das Feuer konnte erst nach drei Tagen als gelöscht gelten. Ein defektes Kabel im Dachboden hat vermutlich den unwiederbringlichen Bücherverlust verursacht: 50 000 Bücher verbrannten, darunter viele einmalige Handschriften, weitere 62 000 Bände litten durch Feuer und Löschwasser so sehr, dass ihre Restaurierung, wenn sie möglich sein sollte, Jahrzehnte dauern wird. Die Bestandsaufnahme ergab, dass zwei Fünftel der Drucke bis 1850 bzw. mehr als ein Zehntel des Gesamtbestandes der Bibliothek zerstört wurden.

In einer Zeit, in der sich die Nachrichten mit Superlativen übertreffen, macht es keine Freude, bei negativen Rekordmeldungen mitzumachen. Tatsache ist aber, es sind viele Bücher, Noten und Kunstwerke verbrannt,

und es wurde ein unersetzlicher Raum zerstört. Wer es genau wissen will, oder wer spezielle Bücher für das wissenschaftliche Arbeiten sucht, findet eine Verlustliste im Internet, zusammengestellt von den Mitarbeitern der Herzogin Anna Amalia Bibliothek (HAAB). Für den Zusammenhang zur Weimarer Klassik werden dort einige *Totalverluste* – die absurde Wortverbindung drückt das Entsetzen darüber aus – als besonders schwerwiegend genannt: Für immer verschwunden ist durch das Feuer seit 2004 die kulturhistorisch bedeutende Musikaliensammlung von Anna Amalia selber, die durch die Notensammlung der Ehefrau ihres Enkels, der Zarentochter Maria Pawlowna, systematisch ergänzt worden war. Es handelte sich um 2100 Musikdrucke und mehr als 700 Notenhandschriften aus dem 18. und 19. Jahrhundert. Verloren sind auch große Teile einer universalen Gelehrtenbibliothek, die der erste Weimarer Bibliotheksdirektor Konrad Samuel Schurzfleisch (1641–1708) lange vor Anna Amalias Zeit zusammengetragen hatte. Verbrannt sind weiterhin viele Texte von Mitgliedern der *Fruchtbringenden Gesellschaft*, die 1617 im Weimarer Schloss als Erste deutsche Akademie gegründet worden war und kulturgeschichtlich bedeutend ist. Zu den unwiederbringlichen Verlusten zählt außerdem eine der komplettesten Reihen von Jean Paul-Drucken. Außerdem wurden große Teile der Sammlung des Breslauers Balthasar Friedrich von Logau (1645–1702) zerstört, der besonders prachtvolle Ausgaben der Barockliteratur zusammengetragen hatte.

Das sprichwörtliche Glück im Unglück bestand bei dem Brand 2004 darin, dass ein großer Teil der Bestände zu diesem Zeitpunkt bereits ausgelagert war, weil sich der 2005 eingeweihte Erweiterungsbau mit dem neuen Büchermagazin unter dem Platz der Demokratie bereits im Bau befand. Darum kann der Direktor der Bibliothek Dr. Michael Knoche auf der Website *www.anna-amalia-bibliothek.de* auch tröstende Worte finden: *„Man darf aber nicht vergessen, daß die größten Teile der wertvollen Sammlung unversehrt erhalten geblieben sind. Dazu gehören die mittelalterlichen Handschriften, die Stammbücher, Inkunabeln, die Globen und 10 000 Landkarten aus dem 16. bis 19. Jahrhundert, die weltweit größte Faust-Sammlung, die Shakespeare-Bibliothek, Nietzsches Privatbibliothek, die Bibliotheken von Liszt, der Familie von Arnim oder von Georg Haar, auch der Kernbestand der Literatur der klassischen Zeit."* Zur Veranschaulichung der Menge an Büchern hier einige Zahlen: Allein die Faust-Sammlung besteht aus 13 000 Bänden, die Shakespeare-Bibliothek aus etwa 10 000 Büchern. Diese Bücher hatten sprichwörtliches Glück im Unglück. Andere, die wenige Wochen später ausgelagert werden sollten, verbrannten 2004.

Vor allem die Ausstattung des Bibliotheksgebäudes wurde schwer beschädigt, als die zweite Galerie des Rokokosaales, Bestandteil des *UNESCO-Welterbes Klassisches Weimar*, verbrannte. Unersetzlich sind die 35 Ölgemälde mit Fürstenportraits aus dem 16. bis 18. Jahrhundert, die sich auf dieser Galerie befanden.

Bezugreiche Durchblicke: Vom Innenhof der neuen Bibliothek kann man durch ein Fenster auf die alte Rokokobibliothek schauen.

Sensibel fügt sich das neue Bibliotheksgebäude in das bestehende, verschachtelte Bauten-Ensemble der Schlossbauten ein. Hinter dem Marktplatz steht das (graue) *Rote Schloss* mit dem wappengeschmückten Renaissancetor.

Durch dieses Tor erreicht man von der Marktseite aus den Innenhof mit dem Hauptzugang zur neuen Bibliothek.

Für das verbrannte Deckengemälde von Johann Heinrich Meyer *Genius des Ruhms* nach Annibale Carracci ist derzeit eine Kopie an gleicher Stelle vorgesehen. Manche Kunstwerke des Rokokosaales können restauriert werden, so etwa die Totenmaske Friedrich Schillers aus Gips, und auch das lebensgroße Ölgemälde von Ferdinand Jagemann, das Carl August darstellt.

Seit Februar 2005, fünf Monate nach dem Feuer im Altbau, steht allen, die gern lesen und forschen, der ebenso sensibel sich einordnende wie bibliothekstechnisch moderne Erweiterungsbau der Bibliothek zur Verfügung. Mit dem so genannten Studienzentrum ging 2005 aus Anna Amalias Fürsten-Bibliothek eine der modernsten europäischen Forschungsbibliotheken hervor. In jeder Hinsicht ein Genuss ist das Herzstück der Bibliothek, das sich über sechs Geschosse – zwei in der Tiefe, vier oberirdisch – erstreckende Freihandmagazin mit etwa 100 000 Büchern. Der Neubau fügt sich in den bestehenden Gebäudekomplex mit dem Roten und dem Gelben Schloss ein und ist unterirdisch, unter dem *Platz der Demokratie*, mit der alten Bibliothek der Herzogin Anna Amalia verbunden. Das zweigeschossige Tiefmagazin unter dem Platz bietet feuergeschützte Aufbewahrungsplätze für etwa eine Million Bücher.

Das neue Studienzentrum ist fünf Mal größer als die bisher zur Verfügung stehende Fläche. Im ganzen Gebäude stehen den Lesern etwa 130 komfortable Plätze zur Verfügung, angefangen von den bequemen schwarzen Lesesesseln über ruhige Arbeitsplätze im Lesesaal des ersten Geschosses bis hin zu verglasten Arbeitszimmern für diejenigen, die in völliger Ruhe und mit Blick ins Grüne arbeiten wollen.

Zusammen mit dem Goethe- und Schillerarchiv und dem Thüringischen Hauptstaatsarchiv im Marstall bildet die Herzogin Anna Amalia Bibliothek das Gedächtnis des klassischen Weimar. Wer es genau wissen will, wird in dieser Bibliothek fündig.

Im Zentrum der 2005 eingeweihten neuen Herzogin Anna Amalia Bibliothek befindet sich das sechsgeschossige Freihandmagazin.

Alle Räume der Forschungsbibliothek strahlen Wärme und Ruhe aus – ein idealer Studienort im Herzen Weimars.

Großherzog Carl August

Er hat es nicht leicht im Nachleben des klassischen Weimar: Bei Großherzog Carl August denkt man immer an andere. An seine Mutter Anna Amalia, seinen Minister Goethe – und an seine mutige Ehefrau, die Großherzogin Luise, der er wohl kein sonderlich guter Ehemann war. Endgültig zur Legende wurde Luise durch ihr mutiges Auftreten gegenüber Napoleon am 15. Oktober 1806. Am Tag zuvor hatten die französischen Truppen die Schacht bei Jena und Auerstedt gewonnen. Weil niemand wusste, ob der französische Kaiser nun Weimar weiter plündern oder niederbrennen würde, war die Stadt fast menschenleer, als die deutschen Truppen von den französischen besiegt wurden und die meisten Weimarer aufs Land geflohen waren. Luise blieb als einziges Mitglied der Herzogfamlie in der Stadt und ging Napoleon im neuen Stadtschloss entgegen. Ihren charmant und mutig vorgetragenen Bitten konnte sich der Imperator nicht entziehen und ließ die Plünderungen und Misshandlungen einstellen.

Kein Standbild in Weimar ehrt Luise, genauso wenig wie Christiane Vulpius, die ebenso mutig den französischen Soldaten gegenübertrat. Carl Augusts Reiterstandbild schuf der Bildhauer Adolf von Donndorf 1869/72. Die Gabe dieses temperamentvollen Großherzogs bestand darin, wichtige Köpfe zusammen zu bringen und mit Kultur Politik zu machen. Die Voraussetzungen für die *Weimarer Klassik* hatte seine Mutter durch kluge Personalpolitik geschaffen; ihr Sohn setzte die Förderung von Literatur und Theater fort. Er praktizierte einen aufgeklärten Absolutismus mit sicherem Gespür für die politischen Strömungen seiner Zeit. Er gab Sachsen-Weimar-Eisenach 1816 als erstem deutschem Land eine Verfassung, und 1817 ließ er die Jenaer Studenten – nicht ohne Bedenken – das *Wartburgfest* feiern, das der Gründung der Burschenschaften vorausging. Die Karlsbader Beschlüsse zur Einschränkung der Pressefreiheit betrafen 1819 aber auch seine Politik und zwangen ihn, politisch vorsichtig zu handeln.

Zwischen *Fürstenhaus* und Residenzschloss befindet sich das neue *Forschungszentrum der Herzogin Anna Amalia Bibliothek.*

Das bronzene Denkmal für den Großherzog vor dem *Fürstenhaus* auf dem *Platz der Demokratie* zitiert das römische Reiterstandbild von Marc Aurel auf dem Kapitol.

Der Grundstein für das Carl-August-Denkmal wurde zum 100. Geburtstag des Großherzogs am 3.9.1857 gelegt. Zum 100. Regierungsjubiläum am 3.9.1875 wurde dann das Denkmal des Weimarer Bildhauers Donndorf enthüllt.

Residenzschloss

Literarisch gesehen, mag man *das klassische Weimar* in den Landschaftsgärten der Ilm verorten; personen- und baugeschichtlich kann man die Residenzgebäude als Ausgangsort der Klassik betrachten. Denn hier beschloss nicht nur die Herzogsfamilie, Kultur und Literatur zu fördern und sich Philosophen und Schriftsteller an den Hof zu holen. Es war auch das Herzoghaus, das die großen klassizistischen Bau- und Gartenkonzepte in Auftrag gab und eine Generation später in den eigenen vier Wänden Gedenkräume für die *vier Klassiker* schuf. Damit bekam der junge Mythos einen autorisierten Ort im Schloss selber.

Wenn Herder 1785 von dem *„wüsten Weimar, dem unseligen Mitteldinge zwischen Hofstadt und Dorf"* spricht, beschreibt er ein Merkmal der Stadt, die im Schatten des herzoglichen Hofes entstand. Vom Hof lebte ein großer Teil der 6000 Einwohner. Die Residenzbauten mitsamt dem Ilmpark und den Parkarchitekturen machen den flächenmäßig größten Teil des klassischen Weimar aus.

Die locker gruppierten Schloss- und Hofhaltungsbauten bilden ein Gebäudeensemble, das sich von der dichten Wohnbebauung der Altstadt absetzt. Sie gruppieren sich am Rande des Ilmparks unregelmäßig um das Stadtschloss und den *Platz der Demokratie* mit dem Reiterstandbild. Diese unterschiedlichen Baustile der Gebäude verweisen auf eine lange und wechselvolle Bau- und Nutzungsgeschichte. Tatsächlich hat es im Schloss mehrfach gebrannt, und bei den Abtragungen, Umbauten, Erweiterungen und Modernisierungen, die sich über Generationen hinzogen, versuchte man, die älteren Gebäudeteile mit den neueren ästhetisch zu verbinden.

Im Wesentlichen handelt es sich um folgende Gebäudegruppen: Das (seit 1914 vierflügelige, bis dahin zum Platz hin offene) Residenzschloss mit Schlossturm und Bastille ist das größte Gebäude. Dort entstanden die klassizistischen Raumfolgen nach den Vorstellungen von Goethe und Carl August. Dem Residenzschloss gegenüber erhebt sich auf der südlichen Seite des *Platzes der Demokratie* das *Fürstenhaus*, in das der junge Thronfolger nach dem Schlossbrand 1774 zog und das heute die *Hochschule für Musik Franz Liszt* beherbergt. Im Westen wird der Platz durch den verschachtelten Komplex des *Roten* und *Gelben Schlosses* mit dem neuen *Studienzentrum* begrenzt, wobei das *Rote Schloss* heute eine graue Fassade hat. Das ehemalige *Grüne Schloss* hingegen im Südosten des Platzes, in dem bis zum Brand im Jahr 2004 der älteste Teil der *Herzogin Anna Amalia Bibliothek* (S. 32) untergebracht war, zeichnet sich durch eine weiß-rote Fassadenfarbe aus. Zum Schlossbereich zählen ferner der *Marstall* im Norden, heute Thüringisches Hauptstaatsarchiv – vom *Platz der Demokratie* aus hinter dem Schloss gelegen und von hier nicht zu sehen; ferner die *Hauptwache* mit weiteren Nebengebäuden, das ehemalige *Reithaus* und schließlich, auch von diesem Platz nicht sichtbar, das durch Goethe berühmt gewordene *Haus der Frau von Stein* direkt am Park, der vormalige *Husarenstall*.

Bastille und Schlossturm bilden die ältesten Bauteile. Der südliche Schlosstrakt mit dem heutigen Haupteingang entstand erst 1914.

Die Ostfassade wurde von Architekt Arens als Schauseite des Schlosses gebaut. Über dem Erdgeschoss, das durch das Portal in der Mittelachse und flankierende Rundbogenfenster bestimmt wird, erhebt sich in Höhe des Piano nobile eine Kolonnadenreihe mit toskanischen Säulen, die das Gesamtbild bestimmen. Als oberer Abschluss zum zurückspringenden niedrigen Altangeschoss dient ein glattes umlaufendes Gebälk. Arens hatte antike Tempel und die toskanischen Villen von Palladio studiert.

Als am 6. Mai 1774 ein Blitz in das Dachgeschoss des Residenzschlosses, *Wilhelmsburg* genannt, einschlägt, bemerkt es niemand. Fatal, denn als am Morgen Flammen aus der Wilhelmsburg schlagen, ist es zu spät: Die Herzogsfamilie hat alles verloren. Das architektonische und politische Zentrum des Herzogtums Sachsen-Weimar-Eisenach ist zerstört.

An Wiederaufbau ist aus Geldmangel nicht zu denken. Man stelle sich vor: 15 Jahre lang steht im politischen Zentrum eine große Ruine. Notlösungen werden gefunden: Die 36-jährige Herzogin Anna Amalia zieht in ein Palais am westlichen Stadtrand, das *Wittumspalais* (S. 24). Für ihren Sohn Carl August bedeutet das Feuer, dass er ein Jahr früher als geplant seinen eigenen Hof gründen kann. Als Thronfolger zieht er in das *Fürstenhaus* gegenüber der Schlossruine. Man hatte das *Fürstenhaus* erst vier Jahre zuvor (1770) für die Landstände des Herzogtums begonnen und baute es nun in Eile als Residenz für den Thronfolger fertig.

Das Feuer war eine Katastrophe, zweifellos. Doch zugleich gilt es vielen rückblickend als *Ende des Alten Weimar* und *Beginn des klassischen Weimar*. Denn es war schlichtweg alles verbrannt. Die Geschichte, die Tradition, alles war weg. Nun brauchte man alles neu. Ein solcher Verlust kann durchaus dem Enthusiasmus eines jungen Thronfolgers entgegenkommen, denn wenn das Alte verbrannt ist, braucht man nicht nur eine neue Einrichtung. Ahnenbildnisse waren zerstört, Bücher, symbolische Gegenstände, an denen die herzogliche Identität hing. Seiner Jugend und seinen Nei-

gungen entsprechend, von Anna Amalia und seinem Erzieher Wieland (S. 20) geprägt, identifizierte sich Carl August ohnehin nicht mit *alten Zöpfen*, sondern war neugierig auf Neues. Auf moderne Literatur, zeitgenössische Musik und Architektur. Durch die Vermittlung seiner Erzieher kaufte er sich den besten Künstler als Berater ein, den er bekommen konnte, Johann Wolfgang Goethe. Beide sollte bis ins hohe Alter hinein eine enge Freundschaft verbinden, der viele gemeinsame Projekte – nicht zuletzt der Wiederaufbau des Schlosses in der Mode der Zeit, dem Klassizismus – entsprangen. Das Schloss gehört mit den Kunstsammlungen zum *UNESCO-Welterbe klassisches Weimar*.

Kaum ein Jahr nach dem Schlossbrand, nunmehr volljährig, holt der Thronfolger 1775 den Autor und Juristen Goethe aus der bürgerlichen Handelsstadt Frankfurt am Main in die herzogliche Provinzstadt Weimar. Bei seiner Ankunft sieht Goethe die große Brandruine der Wilhelmsburg. Die mittelalterliche Bastille mit dem Schlossturm (Fotos S. 40) und die Umfassungsmauern haben das Feuer überstanden. Der Herzog stellt dem Dichter in seiner nächsten Nähe, im Fürstenhaus, eine Wohnung zur Verfügung. Dreizehn Jahre später wird Goethe die treibende Kraft für den Wiederaufbau des Schlosses in radikal modernen Formen. Gemeinsam mit dem Herzog entwirft er das künstlerische Programm.

Durch diese ungeplante Verquickung von glücklichen und unglücklichen Umständen, die mit der Zerstörung des Schlosses 1774 und der Freundschaft zwi-

Die Ostfassade mit dem damaligen Haupteingang geht auf den ersten Schlossarchitekten Arens und seinen Auftraggeber Goethe zurück. Der Blick auf den antikisierenden Mittelteil mit der toskanischen Säulenkolonnade wurde im wörtlichen Sinne von langer Hand geplant: Das Schloss liegt in einer Talsenke der Ilm, und man erreicht es auf einer schnurgeraden Achse, über die Sternbrücke kommend, indem man von einer Anhöhe hinabsteigt.

Schon von weitem erblickt man die an antike Tempel erinnernde Anlage, die ähnlich wie die vielen Parkarchitekturen auftaucht. Dahinter liegt das Treppenhaus, das von einer relativ düsteren Einfahrt, begleitet von einem antikisierenden Figurenprogramm, in den strahlenden Glanz des neuen Schlosses hinauf führt.

schen dem Herzog und seinem Minister seit 1775 entstand, erweist sich das Weimarer Stadtschloss mit seiner Ausstattung und seinen Kunstsammlungen als ein Kulminationspunkt der Weimarer Klassik: Das Schloss spiegelt die Geschichte vom Beginn *der Klassik* mit der Generation von Wieland und Anna Amalia über Goethe und Carl August bis hin zur Rezeptionsgeschichte und Musealisierung der Klassik durch Carl Augusts Schwiegertochter, die Großherzogin Maria Pawlowna, die nach Carl Augusts und Goethes Tod die *Dichterzimmer* (S. 112) in Auftrag gibt. Damit hat sie – gemeinsam mit dem Baumeister Friedrich Schinkel, dem ersten Denkmalpfleger Preußens – Denkmäler in einem Baudenkmal geschaffen, die bis heute zum Mythos des klassischen Weimar beitragen. Ein bürgerlicher Autor, dem in einem Schloss ein Gedenkraum gewidmet ist, wird gleichsam geadelt, er wird zum Dichter*fürsten*. Die herzogliche Dynastie von Sachsen-Weimar-Eisenach einverleibt sich posthum die Literaten und entwickelt daraus ihre neue politische Identität. Möglich ist dies aber nur durch die hohe Qualität der Kunstwerke selbst.

Die heute zugänglichen Schlossräume stammen aus der Zeit nach dem Brand, der sich vom Baubeginn 1789 – und damit zeitgleich mit der Französischen Revolution – bis zur Fertigstellung des Außenbaus und dem Einzug der herzoglichen Familie 1803, über mehrere Planwechsel bis zur Vollendung der Räume durch Maria Pawlowna bis 1840 hinzog. Um das klassizistische Schloss zu verstehen, muss der Museumsbesu-

cher bedenken, dass es den heutigen Haupteingang im Südflügel am *Platz der Demokratie* damals nicht gab. Dieser Flügel wurde erst 1912 bis 1914 in neoklassizistischen Formen von Heilmann & Littmann aus München in die Dreiflügelanlage eingefügt. Das klassizistische Schloss hingegen öffnete sich zum Schlossplatz in Form eines ,U'. Sein repräsentativer Haupteingang befand sich damals an der Ostseite: Über die *Sternbrücke* gelangten die Gäste in das prachtvolle Treppenhaus mit dem antikisierenden Skulpturenprogramm. Von dort erschließen sich die repräsentativen Räume: das Entrée, der Speisesaal, und im Anschluss daran der Festsaal mit dem Spiegelsaal, der wieder zur Ilm, nach Osten hin, ausgerichtet ist.

Carl August gründet 1788 eine *Schlossbaukommission* unter Goethes Vorsitz. Auf dessen Empfehlung werden nacheinander mehrere Architekten mit dem Wiederaufbau des Schlosses und mit Plänen für das Römische Haus im Ilmpark betraut. Es waren Baumeister und Künstler, die teilweise am Beginn ihrer Laufbahn standen und denen Goethe in der Provinz, abseits der Großstädte wie Berlin, Paris oder Hamburg, die Möglichkeit zur Realisierung erster größerer Arbeiten bot: Arens, Thouret, Gentz und Coudray. Diese jungen Architekten, die allesamt den als Autor des *Werther* berühmt gewordenen Dichter kannten, waren gesprächsbereiter bei Planänderungen des Bauherrn als etablierte Baumeister. Sie waren experimentierfreudig und davon überzeugt, dass sich gute, moderne Architektur am Vorbild der Antike zu orientieren hatte.

Der Wiederaufbau begann 1789 unter dem talentierten Hamburger Architekten und Landschaftsarchitekten Johann August Arens (1757–1806), den Goethe seit 1787/88 aus dem deutsch-römischen Künstlerkreis in Rom kannte. Arens hatte in Kopenhagen studiert und Studien- und Arbeitsreisen nach England, Frankreich und Italien hinter sich, als er, inspiriert durch das Studium der antiken Bauten in Italien, mit Goethe und Carl August Pläne für das neue, klassizistische Weimarer Schloss und für das Römische Haus im Park an der Ilm machte.

Als seit 1791 unter Goethes Leitung das Römische Haus (S. 56) im Ilmpark als Sommerwohnung für Carl August begonnen wurde, lagen diesem *Maison de Campagne* Ideen von Arens und Goethe aus Rom zugrunde. Goethe hatte dem Herzog in einem Brief aus Rom am 27. Mai 1787 versprochen, Entwürfe für Gartenhäuser mitzubringen, und Arens hatte 1792 in Goethes Auftrag Risse gezeichnet.

Als Arens 1789 nach Weimar berufen wurde, bestand seine Aufgabe, modern formuliert, im ‚Bauen im Bestand‘: Er sollte die Gebäudereste des abgebrannten Schlosses erhalten und die neuen Teile dem Alten einfügen. Seine Leistung besteht darin, die Zerrissenheit der alten Gebäude durch große, kubische Maße zusammengefasst zu haben. Auf Goethes Wunsch hin sollte der Neubau, ganz im Sinne der Antike, massig und breit gelagert wirken. Wie bei griechischen Tempeln betonte Arens die Horizontale und trennte die Geschosse optisch klar voneinander. Auch wenn das hinter dieser Schaufassade liegende Treppenhaus später von Gentz vollendet wurde, gehen auf Arens die Grundform und die Treppenhaus-Durchfahrt zurück. Arens realisierte die gedrängt stehenden Säulenpaare und die tief eingeschnittene Kassettendecke. Dieses Pathos spiegelt stilistisch die Zugehörigkeit zur Revolutionsarchitektur wider. Der Aufgang nach oben wird zu einem symbolischen Gang ins Licht.

Das Treppenhaus, von Arens begonnen, schuf der Architekt Heinrich Gentz in modernen Formen.

Das klassizistische Bildprogramm entwickelte der Bildhauer Friedrich Tieck in enger Absprache mit Carl August und Goethe.

Dessen Italienreise und das Studium der beteiligten Architekten und Künstler an antiken Werken führten hier zu einer ausgefeilten Inszenierung eines Großherzogs.

Carl August wird als Landesvater gefeiert, der sein Land vor Krieg und Revolution schützt. In der Nische oben Bacchus, rechts Athena.

Das Treppenhaus der Architekten Arens und Gentz mit dem Skulpturenprogramm von Tieck bildet zusammen mit den dahinter liegenden Sälen das Herzstück von Goethes und Carl Augusts neuem Ostflügel an der Sternbrücke. Arens hatte zwischen zwei getrennte ältere Gebäudereste dieses Zwischenstück eingefügt, das hinter die Flucht der älteren Fassaden zurückspringt, um als dreiachsiger Mittelrisalit mit dem Hauptportal wieder vorzuspringen. Trotz des offiziellen Angebots, doch in Weimar zu bleiben und der mehrfach beteuerten Wertschätzung durch Goethe, schienen für Arens die Bauaufgaben in Hamburg interessanter, so dass er seine Weimarer Pläne, sehr zum Leidwesen Goethes, nicht zu Ende führte. Goethe und Arens, der in Hamburg erfolgreich weiterbaute, standen aber mindestens noch bis 1797 in schriftlichem Kontakt.

Ähnlich langsam ging der Wiederaufbau mit seinen Nachfolgern weiter. Es wollte einfach keiner bleiben. Goethe schreibt noch Jahre später, am 14. August 1798

an Voigt: *„Wir sind freilich bei unserem großen Schloßbau, sowie bei den übrigen Fällen, wo etwas Schönes gemacht werden soll, übel dran, daß wir nicht einen eigenen Mann haben, sondern sie immer mit ansehnlichen Kosten borgen müssen. So war's mit Arens, Clerisseau, Schuricht und so ists nun auch mit Thouret."*

Nikolaus Friedrich Thouret (1757–1845) kam aus Stuttgart, und ab 1800 wurde Heinrich Gentz (1766–1811) aus Berlin verpflichtet, dessen Name mit dem Ausbau des Weimarer Treppenhaus verbunden wird. Es war Wilhelm von Humboldt, der für die Ausgestaltung den jungen Künstler Friedrich Tieck empfahl, der ebenfalls aus Berlin kam.

Tieck hatte in Berlin bei Gottfried Schadow studiert, aber vor allem hatte er 1798–1801 im Atelier des Malers Jacques Louis David gearbeitet, den Goethe bewunderte. Tieck kam am 6. September 1801 in Weimar an, um an einem inhaltlichen Konzept für die Ausgestaltung des Treppenhauses zu arbeiten.

Friedrich Tiecks Relief für die Nordwand zeigt *Die Herzogin als Landesmutter*, darunter eine Statue der Göttin Diana.

Als Supraporte über der Eingangstür zum Entréezimmer schuf Tieck das Relief *Die Huldigung der Stände an den Landesvater*.

Den Glanz des Treppenhauses steigert Gentz durch eine überkuppelte Laterne mit einem kunstvollen Kronleuchter. Gentz hatte ähnliche palladianische Kuppeln in England kennengelernt.

Reiterstandbild des Großherzogs Carl August.

Das sich hinter der östlichen Fassade erschließende Treppenhaus und der Festsaal sind das Ergebnis eines mehrjährigen Gestaltungsprozesses verschiedener Personen. Die Räume und das Skulpturenprogramm entstanden in enger Zusammenarbeit zwischen dem ersten Architekten Arens, dem Vollender des Treppenhauses Gentz, dem Künstler Friedrich Tieck, dem Dichter Goethe und dem Herzog Carl August.

Als Gentz das von Arens begonnene Treppenhaus weiterbauen sollte, ließ er zunächst die im Bau befindlichen Treppen des zweiten Obergeschosses abreißen. Er behielt aber den vorgesehenen Treppentypus bei und steigerte dessen Wirkung nach dem Vorbild zeitgenössischer moderner Treppenhäuser, die er in England gesehen hatte, durch eine Kuppel mit Laterne, die Tageslicht einfallen lässt und der Halle eine Luftigkeit verleiht. Im Hinaufschreiten nach oben erlebt der Gast, ganz im Sinne des Klassizismus, einen symbolgeladenen Aufstieg vom Dunkeln ins Licht. Passend dazu

entwickelte Goethe gemeinsam mit Friedrich Tieck ein Skulpturenprogramm mit Themen aus der antiken Mythologie. Vordergründig wird darin die konkrete Person Carl August als Landesherr gefeiert, doch zugleich und vor allem ist das Treppenhaus als grundsätzliche politische Aussage Goethes zur Französischen Revolution und den Revolutionskriegen zu verstehen. Denn der Wiederaufbau des Schlosses wurde im Jahr der Französischen Revolution begonnen und endete kurz vor der verheerenden Schlacht bei Jena und Auerstedt gegen Napoleon. Die Angst vor einem Krieg lag in der Luft. Mit dem Treppenhaus beschwören Goethe und sein herzoglicher Auftraggeber die gemeinsame Abneigung gegen Revolution und Krieg. Mehrfach formulierte Goethe schriftlich sein Ideal von einem aufgeklärten Absolutismus, der aufgrund einer gerechten, klugen Herrschaft keiner Revolution bedürfe. Wenn Reformen nötig seien, dann könnten sie nur von den gebildeten Ständen und einsichtigen Fürsten selber

Der klassizistischen Raumfolge aus Treppenhaus, Festsaal und Spiegelsaal liegt ein raffiniertes ikonografisches Programm zugrunde. Alle Details setzen sich mit der griechischen, römischen und ägyptischen Kunst auseinander und kombinieren sie zu einer neuen politischen Aussage im Sinne der klassizistischen Ideologie um 1800.

Nachdem Winckelmann ägyptische Tierdarstellungen als die höchste Stufe vollendeter Kunst beschrieben hatte, verweisen die beiden Löwen an den Öfen des Festsaales hier auf den Ursprung der antiken Kunst in Ägypten.

Die Kapitelle der ionischen Säulen beziehen sich hingegen auf das Erechtheion auf der Akropolis. Damit zitieren Goethe, Gentz und Tieck die griechische Antike. Der umlaufende, stuckierte Greifenfries wiederum entstand nach dem Tempel des Antoninus und der Faustina auf dem Forum Romanum. Damit verweist er auf die römische Kaiserzeit als jüngste der antiken Hochkulturen.

kommen. Das natürliche Ziel der Fürsten sei es daher, Revolutionen von unten aus dem Volk heraus und damit Kriege und Leid zu verhindern.

Spätestens bis Herbst 1802 stand dieses ikonografische Programm für das gesamte Schloss fest. Zunächst schuf Tieck die Reliefs im Treppenhaus, die den Herzog als Förderer der Künste und als Landesvater ehren, während die Herzogin Luise als Landesmutter dargestellt wird (Fotos S. 7, 46). Nach diesen drei großen Reliefs beauftragte Goethe Tieck im April 1803 mit den vier Statuen für das Treppenhaus, die Tieck im gleichen Jahr fertigstellte. Minerva und Bacchus wurden an der Südwand aufgestellt, Merkur und Diana ihnen gegenüber. Die vier Statuen verkörpern den guten Staat, sie begleiten den Besucher als Sinnbilder für den Frieden in Zeiten des Krieges. Tieck schließt das Bildprogramm des Treppenhauses mit einem umlaufenden Metopen-Triglyphen-Fries mit Motiven aus der griechischen Sagenwelt ab.

Nach diesem glanzvollen Auftakt gelangt man in das Entrée, dann in das Speisezimmer und von dort in den heiteren Festsaal. Ganz im Sinne von Vitruv, respektive Palladio, folgt als Steigerung auf das dorische Treppenhaus ein Saal mit ionischen Säulen. Dessen Größe wurde bereits von Arens festgelegt, Thouret entwarf dann 1799 auf Goethes Wunsch hin eine allseitig umlaufende Galerie, noch mit korinthischen Säulen, und Gentz baut den Saal mit ionischen Säulen fertig. Alle Beteiligten hatten sich intensiv mit griechischer und römischer Kunst auseinandergesetzt; man diskutierte damals, angeregt durch Winckelmann, über den Ursprung dieser beiden in der ägyptischen Kunst. Zwei ägyptische Löwen an den eisernen Öfen, die den Löwen am Kapitol nachempfunden sind, verweisen darauf, dass Goethe und Gentz beim Entwurf des Saales auch Palladios ägyptische Halle vor Augen hatten. Damit reihen sie ihren klassizistischen Festsaal in die lange Geschichte von der antiken Kunst bis 1800 ein.

Die herzogliche Kunstsammlung

Heutzutage gelangt man über den rechteckigen Innenhof in das Foyer der Kunstsammlungen zu Weimar. Das Schlossmuseum mit der Gemäldegalerie beherbergt eine wertvolle Gemälde- und Skulpturensammlung mit Werken vom Mittelalter bis zur Gegenwart. Die Sammlung wurde von den Herzögen von Sachsen-Weimar begonnen. Etwa ab dem Jahr 1700 wurde unter Herzog Wilhelm Ernst in der Mode der Zeit kontinuierlich ein Kunst- und Raritätenkabinett aufgebaut. Der Schlossbrand vernichtete 1774 allerdings den größten Teil der Sammlung, die aus vielen Raritäten, mehreren hundert Ölbildern, Grafiken, Münzen und Naturalien bestanden hatte. Unter der Regierungszeit von Carl August tätigte insbesondere Goethe im Auftrag seines Landesherrn weitere Ankäufe, meist zeitgenössische Künstler. Anfang des 20. Jahrhunderts erweiterte Harry Graf Kessler die großherzogliche Sammlung um Spitzenwerke wie Monets *Kathedrale von Rouen* und Rodins *Das eherne Zeitalter*.

Der Hauptbestand der Gemälde wird heute, soweit es die Schlossräume zu lassen, in chronologischer Anordnung gezeigt. So findet der Museumsbesucher in der Lucas-Cranach-Galerie, das ist im Erdgeschoss rechts, Gemälde des 16. Jahrhunderts, unter anderem fast 30 Werke aus der Werkstatt der beiden Cranachs,

Johann August Nahl d. J.:
Telemachs Heimkehr
zu seiner Mutter Penelope,
1803

Friedrich Remde: Stickerin, 1831

Lucas Cranach d. Ä.:
Bildnis Martin Luthers, 1546

außerdem zwei Bildnisse, die Albrecht Dürer 1499 von dem Nürnberger Patrizierpaar Hans und Felicitas Tucher malte, und seit 1945 russische Ikonen des 15. bis 19. Jahrhunderts aus dem Nachlass des Sammlers Georg Haar. Im ersten Geschoss ist neben niederländischen Gemälden, Genrebildern und Stilleben des 16. bis 18. Jahrhunderts die Kunst des Klassizismus und der deutschen Romantik vertreten. Dort finden sich Bilder von prominenten Vertretern wie Caspar David Friedrich, Philipp Otto Runge, Angelika Kauffmann, Anton Graff, Jakob Philipp Hackert und Georg Friedrich Kersting. Zu den Schwerpunkten der Sammlung gehören die im zweiten Geschoss präsentierten

Werke des 19. Jahrhunderts. Gewürdigt werden hier vor allem die Vertreter der 1860 gegründeten *Weimarer Malerschule*, zu deren ersten Lehrern Franz Lenbach und Arnold Böcklin zählten. Die Künstler der *Weimarer Malerschule* wehrten sich im letzten Viertel des 19. Jahrhunderts gegen die etablierte Akademiemalerei, die im Dienste des Adels stand. Stattdessen malten sie ihre Landschaften im Freien und wählten sozial engagierte, bürgerlich-realistische Alltagsszenen. Auch von bekannten Schülern der *Weimarer Kunstschule,* wie Max Liebermann, Max Beckmann und Christian Rohlfs, befinden sich wichtige Arbeiten in der heutigen Sammlung.

Georg Friedrich Kersting:
Herr am Schreibtisch, 1811

Kunstkammerstücke aus dem Kabinett
der Weimarer Herzöge

Philipp Otto Runge: Die kleine Perthes
(Bildnis Louise Perthes), 1805

Ilmpark

Er ist das eigentliche Denkmal für das klassische Weimar: Der Landschaftspark an der Ilm. Nachdem das Schloss abgebrannt war und der Herzog seit 1775 im Fürstenhaus residierte, träumte er von einem eigenen neuen Park. Ganz *natürlich* sollte er wirken, nicht so, wie die geometrischen Barockgärten des 17. Jahrhunderts, wie die Anlage des *Stern* an der Sternbrücke, mit denen man die Natur zu beherrschen gesucht hatte. Nein, es sollte etwas für die Seele sein. Ein ruhiger Ort, wie der Park in Wörlitz, wo er von vergangenen großen Zeiten träumen und wo er auf verwunschenen Wegen mit seinen Freunden ebenso wie mit offiziellen Gästen lustwandeln, feiern, aber sich auch, je nach Gemütsverfassung, zurückziehen konnte.

Der Ilmpark wurde als *empfindsamer Landschaftsgarten* geplant. Am Anfang stand die Sehnsucht des Herzogs nach einem Seelenraum. Doch die Sehnsucht liebt tragische Liebesgeschichten. Auch die gibt es hier: Das Hoffräulein Christel von Lassberg nahm sich im

Januar 1778 an der Ilm das Leben. Bei sich trug sie Goethes *Werther*, einen Briefroman, der den jungen Dichter berühmt gemacht hatte. Wo die Schöne keine Hoffnung mehr sah, legte der Hofgärtner nach Goethes Idee eine Felsentreppe an, das *Nadelöhr*, das als Memorialstätte ihren Tod lyrisch verklärt.

Damit war ein Anfang gemacht. Doch ein Park ist ein riskantes, keineswegs Rendite bringendes Geschäft. Er verbraucht enorme Geldmengen, denn das Gedeihen von teuren, exotischen Bäumen und Blumen ist von Regen, Sonne und Wind abhängig. Nicht wenige Gartenkünstler hat ihr Park finanziell in den Ruin getrieben. Geld aber hatte Herzog Carl August für seinen seit 1778 mit seinem Freund Goethe geplanten *Park im englischen Stil* nicht. Mit Bewunderung und Ernüchterung hatten die beiden den herrlichen Rosengarten von Bertuch (S. 108) gesehen. Bertuch hatte einen eigenen Garten, oder besser formuliert, einen Park, der alle Weimarer Gärten einschließlich des herzoglichen an

Der *Park an der Ilm* ist ein lebendiges begehbares Landschaftsbild, eine intellektuelle und künstlerische Leistung, die gleichsam den Film vorwegnimmt. Er spielt mit dem Erscheinen und Verschwinden von Blickpunkten; im Gehen erschließen sich stets neue, kurz aufflackernde Bilder.

Das Konzept funktioniert bis heute: Der Besucher wandelt über gewundene Wege und meint, alte Tempel, künstliche Ruinen, das *Tempelherrenhaus*, Denkmäler und Gedenksteine zum ersten Mal zu ‚entdecken'. Und bevor man das Ziel erreicht, biegt der Weg vorher ab. Was natürlich wirkt, ist das Ergebnis genauer Planung.

Im Ilmpark werden wie bei einem Theaterstück Geschichten inszeniert. William Shakespeare war nie hier, aber Wieland war sein erster deutscher Übersetzer. Deshalb besitzt Weimar auch eine der größten Shakespeare-Sammlungen.

Das *Nadelöhr* gedenkt auf romantische Weise eines Suizids. Der *Schlangenstein* wurde 1787 im Auftrag des Herzogs aufgestellt. Die Inschrift lautet *Genio huius loci*, dem Geist des Ortes gewidmet. Die *Schaukelbrücke*, eine Hängebrücke, ist die südlichste Parkbrücke. Sie wurde 1833 gebaut.

Pflanzenvielfalt und Größe übertraf. Anstelle von Bertuchs Garten erstreckt sich heute der Weimarhallenpark. Bertuch hatte sich, ähnlich wie der um zwei Jahre ältere Goethe, intensiv mit der Geschichte der damals modernen Landschaftsgärten auseinandergesetzt. In der Freitagsgesellschaft hielt er einen Vortrag *Über den Ursprung und die Geschichte der englischen Gärten und die orientalische und chinesische Gartenkunst.* Entgegen der damals verbreiteten Meinung sieht Bertuch die Ursprünge der *Englischen Gärten* bei den Landschaftsgärten im antiken Italien und in China.

Der Herzog war auf eine praktisch veranlagte Persönlichkeit wie Bertuch angewiesen, wenn er seine Ideen gärtnerisch und finanziell umsetzen wollte. Bertuch formulierte 1793 in der ersten deutschsprachigen Modezeitschrift, seinem *Journal des Luxus und der Moden,* seine wirtschaftlichen Grundsätze, die von der Aufklärung, dem Merkantilismus und den neuen Entwicklungen in England beeinflusst waren. Er setzt auf Export, kümmert sich um den Vertrieb seiner Luxusgüter, Bücher und Zeitschriften und betreibt Werbung. Da rings um Weimar ökonomisches Brachland liegt, hat er jahrzehntelang keine Konkurrenz.

Der Park an der Ilm wurde ein grandioses Gemeinschaftswerk von mehreren Dilettanten, entstanden in unruhigen Jahrzehnten, unter Geldmangel, mit Beteiligung von verschiedenen Künstlern, die – wie beim Schlossbau – teilweise nur kurz in Weimar blieben. Die Konstanten blieben über mehrere Jahrzehnte Goethe, der Herzog, Bertuch und Kraus. Rückblickend möchte man sagen, der Park entwickelte sich *organisch* durch den Austausch mehrerer Personen, die immer wieder darüber sprachen und ohnehin an anderen gemeinsamen Aufgaben arbeiteten. Begonnen wurde er von Herzog Carl August, seinem Minister Goethe und dem genialen Kaufmann, Verleger und Übersetzer Bertuch. Die drei bildeten ein ebenso ungleiches wie phantasiebegabtes Gespann. Und einzig Bertuch besaß durch seinen eigenen Garten seit 1778 praktische Erfahrungen mit Pflanzen. Goethe liebte die Natur und ein naturnahes Leben, wie er es in seinem Gartenhaus praktizierte, er experimentierte auch mit Pflanzen, aber hatte keine praktische Erfahrung mit der langfristigen, systematischen Bepflanzung für einen großen Park.

Während sich Goethe 1786 bis 1788 in Italien aufhält und der Herzog 1787 für längere Zeit nicht in Weimar anwesend ist, betraut er vor seiner Abreise im Oktober 1787 seinem Geheimsekretär Bertuch mit der organisatorischen Leitung der Parkgestaltung. Bertuch ist der Richtige dafür, denn er ist künstlerisch wie

Die einzige breite und schnurgerade Sichtachse im Park an der Ilm führt auf die Sternbrücke zu, die wie eine große Skulptur wirkt. Selbst hier ergeben sich höhlenartige Gänge, die ins Licht führen.

Ovale Öffnungen nehmen bei Hochwasser den Druck von den Mauern. Gibt es einen schöneren Ort zum Lesen als den Park an der Ilm?

kaufmännisch ambitioniert. Außerdem beaufsichtigt er ohnehin als herzoglicher Schatullverwalter die Privatkasse seines Dienstherrn und ist es gewöhnt, diesen immer wieder zur Sparsamkeit zu mahnen, wenn er wieder einmal mehr ausgibt als er einnimmt.

Bertuch ist in den ersten zehn Jahren für den Landschaftspark an der Ilm zuständig. Ihm obliegt die Aufsicht über alle Parkangelegenheiten, er ist allein verantwortlich für das herzogliche Gartenwesen. Auf den Äckern im Umfeld lässt Bertuch mehr als 10 000 Bäume anpflanzen. Namentlich der südliche Teil des Parks gilt als sein Vermächtnis. Künstlerisch tauscht er sich mit seinem Freund, Geschäftspartner und seit 1786 Mitherausgeber des *Journals des Luxus und der Moden* aus, mit dem in Frankfurt am Main geborenen Maler Georg Melchior Kraus (1737–1806). Er ist ein Schüler von Johann Heinrich Tischbein und unterrichtet seinerseits Goethe 1774/75 im Zeichnen. Bertuch, Kraus und Goethe sind sich einig darin, dass das Zeichnen grundsätzlich zur Ausbildung gehören müsse. Nachdem Bertuch die Herzogin Anna Amalia 1774 von der Idee einer kostenlosen, für jeden zugänglichen Zeichenschule überzeugen kann, wird Kraus 1776 zum ersten Direktor der *Freien Zeichenschule* ernannt, deren Lehrprogramm Goethe wiederum mit erarbeitet.

Kraus und Bertuch beeinflussen sich über Jahrzehnte, bis der Malereiprofessor 1806 in Bertuchs Haus an den Folgen gewaltsamer Übergriffe durch Soldaten stirbt und auf dem Jakobskirchhof (S. 92) beigesetzt wird.

Bertuchs Nachfolger für den Park wird Christoph Gottlieb Vent, ein nüchterner Praktiker ohne künstlerische Neigung, dem der Herzog deshalb im Frühjahr 1798 eine Kommission zur Seite stellt, die für die künstlerische Parkgestaltung verantwortlich ist. Seitdem mischt sich der Herzog stärker mit eigenen Ideen ein. Nach dem Nadelöhr waren weitere Bauten im Park entstanden, 1784 die künstliche Ruine und einige Gedenksteine, zwischen 1786 und 1798 wurden Reste des alten Schlossgartens und Teile der Ilmufer in die Gestaltung einbezogen. Statt kleinteiliger Stimmungsbilder entstanden nun großflächige Parkräume, die die Umgebung mit einbezogen. 1787 schuf Martin Gottlieb Klauer den *Schlangenstein* (heute eine Kopie) und die *Sphinxgrotte*. Es folgten das *Römische Haus* (S. 56) und das *Tempelherrenhaus*. Bis 1833 hatte der Park seine heutige Ausdehnung erreicht. Die nachfolgenden Hofgärtner kümmerten sich vor allem darum, die vorhandene Anlage zu erhalten: Besonders verdient machten sich Eduard Petzold (1844–1852), Julius Hartwig (1847–1900), Otto Ludwig Sckell (1906–1948).

Römisches Haus

Wenn eingangs von Seelenräumen die Rede war, dann gilt das besonders für den Park an der Ilm. Ohne diesen ausgedehnten Landschaftsgarten wäre Weimar nicht vorstellbar. Im Sommer scheint hier das eigentliche Herz der Stadt zu schlagen, ein fast toskanisches Flair liegt über dem Park. Hier verabredet man sich. Mütter und Kinder tummeln sich auf den ausgedehnten Wiesenflächen, Studenten lesen auf Parkbänken, Weimarbesucher fahnden mit der Kamera nach dem perfekten Bildmotiv. Wenn sie es gefunden haben, stellen sie zu Hause enttäuscht fest, dass das vermeintlich einzigartige Bild bereits tausendfach reproduziert ist.

Man sollte es allen vorher sagen: Es gibt wohl kein Motiv im Ilmpark, dass nicht von Carl August, Goethe oder Bertuch einkalkuliert wurde. Vordergrund, Mittelgrund, Hintergrund, Blickfang – mit dieser simplen Regel bauten die Parkgestalter ihr dreidimensionales Landschafsbild auf. Verblüffend findet mancher Fotograf nur, dass sie es vor der Erfindung der Fotografie taten. Das wird verständlich, wenn man bedenkt, dass unser europäischer Blick auf die Welt seit den Landschaftsmalern des 18. Jahrhunderts als ein Blick der Totale geprägt wurde. Die meisten suchen nicht das Detail, sondern *das Motiv.* Genau das bietet der Ilmpark mit seinen Parkarchitekturen, Gedenksteinen und Grotten reichlich an. Damals zeichnete man, heute fotografiert man.

Wie aber kommt ein römisches Haus in einen thüringischen Park? Die Antwort gibt seine Lage, der Park: Es ist ein Ferienhaus, ein Haus auf dem Land. Und da man es nicht heizen kann, ist es ein Sommerhaus. Natürlich ist es jünger als man aus der Ferne meinen möchte, denn die Römer hatte es nicht nach Weimar gezogen. Das Haus, das so römisch aussehen soll, ist wenig älter als 200 Jahre – und wurde überdies umfassend restauriert.

Das Römische Haus ist ein Schlüsselgebäude zum Verständnis des klassischen Weimar, denn es ist das erste fertiggewordene klassizistische Gebäude in Weimar. Es wurde im Park an der Ilm 1792 bis 1797 nach Entwürfen von Johann August Arens errichtet. Wieso aber baute sich ein Herzog in der Provinz ein römisches Landhaus, das man in Italien so nie gebaut hätte? Immerhin ist es ein Haus in Form eines Tempels, eines Kultgebäudes, das in einem Garten auf einer Anhöhe errichtet wurde. Verstehen kann man die Idee, wenn man an Mallorca-Sehnsucht und Lifestyle-Accessoires denkt: Damals waren die Zeiten politisch noch unübersichtlicher als heute, und der Sehnsuchtspunkt einer Generation, die auf bessere Zeiten hoffte, war die Antike. Der Mythos Rom verkörperte den räumlich und zeitlich weit entfernten Bezugspunkt.

Goethe erfüllte sich seinen Traum und reiste nach Rom, der Herzog folgte ihm. Beide zogen in den verhassten Krieg, beide träumten von der heilen Welt im Grünen mit einem Gartenhaus. Der Herzog schenkte Goethe bei seiner Rückkehr aus Rom eines, das *Goethe-Gartenhaus* – das auch Bertuch gern gekauft hätte. Goethe entwarf seinem Dienstherrn eine standesgemäße italienische Villa Rustica.

Im Unterschied zu heutigen kommerziellen Kopien antiker Bauten, Brunnen oder Säulen ist das römische Haus, salopp formuliert, richtig gut gemacht. Es ist ein Meisterwerk der klassizistischen Architektur, an dessen Ausstattung bis ins Detail mehrere Künstler beteiligt waren – und es wurde ebenso hochwertig bei der letzten Restaurierung wieder hergestellt.

Ganz im Gegensatz zu dem klaren Weiß des von Arens streng konstruierten Außenbaus wurden die Innenräume in einer festlichen, harmonisch aufeinander abgestimmten Farbigkeit mit großem Aufwand ausgestaltet. Das gesamte Bildprogramm unterliegt der Bauaufgabe, ein heiteres, sommerliches Landhaus für den gehobenen Geschmack des Herzogs zu schaffen.

Die Entwürfe für die Innenraumgestaltung einschließlich der Stoffe und Leuchten machte der Dresdner Architekt und Hofbaukondukteur Christian Friedrich Schuricht. Nach seinen Vorgaben wurden dann verschiedene Künstler mit den Arbeiten beauftragt. Den Stuckzierrat führte der *Marmorir und Stocatur*

Friedrich August Käseberg aus Dresden aus. Im Foyer marmorierte Käseberg die Wandflächen mit Alabastergips. Für die Wandflächen wurden kostbare Seidengewebe verwendet, das *blaue Zimmer* schmückten hellblaue Stofftapeten mit golddurchwirkten Tressen mit Fransen und Quasten, die von goldenen Tapetenleisten gefasst waren. Im *gelben Zimmer* wurden die Seidentapeten von gemalten Grotesken gerahmt, die von pompejanischen Vorlagen und den Ranken Raffaels inspiriert waren. Die Grotesken entwarf Johann Heinrich Meyer, der zur gleichen Zeit auch den Umbau von Goethes Haus *Am Frauenplan* leitete. Die Maler Georg Melchior Kraus (S. 92, 108), Conrad Horny und Adolph Friedrich Rudolph Temler führten Meyers Entwürfe 1795/96 aus. Die Farben der Vorhänge, Seidenrollos, Wandbespannungen und Polster wurden von Schuricht sorgfältig aufeinander abgestimmt. Die Fußböden wurden 1797 mit Dielen aus Weichholz und Eichenfriesen belegt. Was heute fehlt, sind Teppiche, die das Raumprogramm erst vollendeten.

Ebenso sorgfältig wie leichtfüßig kommen die Motive der figürlichen Wanddekoration daher, die idyllischen Szenen aus der heimischen Tier- und Pflanzenwelt zeigen: Ein Eichhörnchen knackt eine Nuss, ein Igel kauert auf dem Erdboden, ein Vogel sitzt auf einer Rankenspirale.

Durch das dicke alte Fensterglas wirkt die Aussicht vom Römischen Haus in den Park hinunter je nach Sonnenstand wie ein Aquarell: Die durch das Glas unscharf gewordenen Konturen vermitteln etwas Duftiges, Leichtes. Dem entspricht die helle, luftige Atmosphäre im Haus, das es sich erlaubt, ohne Anspruch auf die Bedeutungsschwere der offiziellen Residenzsäle einen Hauch von südlicher Ferienstimmung zu erzeugen. Der alte Trick mit den Spiegeln funktioniert in dieser offenen Architektur besonders gut: Die Landschaft wird in die Räume hineingezogen.

Man gelangt über den Haupteingang zunächst in ein Vestibül, in dem sich heute die Museumskasse befin-

det. Von dort erschließen sich der Salon, der Arbeitsraum und verschiedene Nebengebäude.

Zur Bauzeit der klassizistischen Neubauten in Weimar wie des Römischen Hauses verbreiteten sich in den deutschsprachigen Ländern Magazine und Mustersammlungen, die Innenausstattungen des gehobenen bürgerlichen und fürstlichen Geschmacks in einer größeren Auflage verbreiteten. Als Herausgeber der wohl erfolgreichsten Modezeitschrift dieser Zeit, des *Journals des Luxus und der Moden*, das ab 1786 erschien, gehörte Bertuch (S. 108) zu den Revolutionären auf dem Gebiet der Geschmacksbildung in Deutschland. Die farbarchäologischen Untersuchungen der letzten etwa 30 Jahre belegen, dass die damals entworfenen klassizistischen Räume in Weimar keineswegs *klassisch weiß* waren, sondern man vielmehr eine kräftige, durchaus reich gemusterte Farbigkeit bevorzugte – dies belegen etwa die Befunde im Römischen Haus, im Schillerhaus und in Goethes Haus.

In Anbetracht der Weite des Parks kann man leicht vergessen, dass dieses herzogliche Gartenhaus die Größe eines heutigen durchschnittlichen Einfamilienhauses weit übersteigt. Man kann das Römische Haus nicht losgelöst von der Parkgestaltung sehen, denn sein Bauplatz auf der steil abfallenden, felsigen Anhöhe hoch über dem Ilmtal wurde mit Bedacht als Blickpunkt aus der Ferne und als Aussichtspunkt von hier oben gewählt. Wichtig ist vor allem die Blickbeziehung zu Goethes Gartenhaus. Der Herzog und der Dichter sind im Sommer Nachbarn, die von einem weitläufigen Garten umgeben sind. Als Freunde sind sie eingebettet in die von ihnen gestaltete, sie umgebende Natur.

Goethe, der Herzog und der Architekt Arens wissen, dass weder römische Tempel noch Landhäuser so aussehen, aber es geht beim Römischen Haus darum, das Römische zu imaginieren. Aus der Kombination von römischen, griechischen und palladianischen Elementen entsteht etwas Neues, ein Traumhaus für den Herzog, mit dem er in standesgemäßer Atmosphäre seine Liebe zur Natur und zum einfachen Leben ausdrückte.

Seit den 1960er Jahren sorgte Dr. Jürgen Seifert, langjähriger Leiter der *Baudirektion der Nationalen Forschungs- und Gedenkstätten* (NFG) dafür, dass die bauliche und denkmalpflegerische Betreuung der Klassikerstätten in Weimar und Umgebung von kompetenten Händen ausgeführt wurde. Die Denkmalpfleger der NFG beschäftigten eigene Handwerker, die besondere Erfahrung mit alter Bausubstanz hatten. Bevor Architekten und Bauleiter ein wertvolles historisches Gebäude sanierten, wurden die Arbeiten sorgfältig vorbereitet. Wissenschaftler studierten in den Weimarer Archiven die Quellen, Restauratoren untersuchten und dokumentierten die Befunde, bevor man an wertvolle Baudenkmale wie das Römische Haus Hand anlegte. Diese mühevollen Arbeiten im Hintergrund sind für Besucher unsichtbar, man profitiert nur von dem überzeugenden Ergebnis.

Das Römische Haus öffnet sich an der Hangseite zum Ilmtal mit einem rustikalen Untergeschoss mit gedrungenen dorischen Säulen.

Ein Gebet unterhalb des Römischen Hauses:

DIE IHR FELSEN UND BAEUME BEWOHNET, O HEILSAME NYMPHEN,
GEBET JEGLICHEM GERN, WAS ER IM STILLEN BEGEHRT.
SCHAFFET DEM TRAURIGEN MUT, DEM ZWEIFELHAFTEN BELEHRUNG,
UND DEM LIEBENDEN GOENNET DASS IHM BEGEGNE SEIN GLUECK.
DENN EUCH GABEN DIE GOETTER, WAS SIE DEM MENSCHEN VERSAGTEN.
JEDEM DER EUCH VERTRAUT, HUELFREICH UND TROESTEND ZU SEIN.

Goethes Gartenhaus

Hätte der Herzog nicht schnell reagiert, wäre alles ganz anders gekommen. Vielleicht stünden dann am Rande des Ilmparks Bertuchs Manufakturen. In der *Stadt der Klassiker* hängen Biografien dichter zusammen als in einer Großstadt. Als Bertuch 1776 auf eine Immobilienanzeige reagiert und das Grundstück *Am Horn*, vor der Stadt, in Erbpacht erwerben will, bietet ihm Carl August ein anderes Stück Land an. Denn der Herzog will das Anwesen selber kaufen, um es seinem Freund Goethe zu schenken. Am 21. April 1776 wird es Goethes Haus, und nur durch diesen festen Wohnsitz konnte er das Bürgerrecht erwerben.

Wieso ein Gartenhaus? Nach heutigen Maßstäben ist Weimar eine charmante Kleinstadt; zu Goethes Zeit wohnte hier sogar nur ein Zehntel der heutigen Einwohnerzahl, kaum 6000 Menschen, die meist von der Landwirtschaft und vom Hof lebten. Damit war Weimar ein *Nest*, mehr Dorf als Stadt. Für Goethe aber, den Frankfurter, war Weimar einerseits zu eng, weshalb es ihn später nach Rom drängte, und andererseits zu städtisch, weshalb es ihn *aufs Land* zog. Und das Land, die Abgeschiedenheit von der Stadt, das gab ihm sein Gartenhaus, wenngleich es zu Fuß kaum eine viertel Stunde von seinem späteren Haus *Am Frauenplan* entfernt liegt. Der *Frauenplan*, das galt als Stadt, im Gartenhaus war Ruhe. Zum Arbeiten natürlich.

Mit dieser Sehnsucht nach Einfachheit und ländlicher Idylle stand Goethe nicht allein: Herder liebte seinen großen Garten (S. 98), Wieland träumte vom Landleben und kaufte sich ein Gut in Oßmannstedt (S. 20),

und Schillers Frau betont, wie froh sie darüber ist, dass ihr neues Haus an der *Esplanade* am Stadtrand und damit im Grünen liege. Allein, Goethes Gartenhaus war ein ehemaliges Weinberghaus und im Winter schwer zu heizen. Als es Schiller kurzfristig mit seinen vier Kinder zu turbulent zum Arbeiten wurde, lehnte es Goethe deshalb ab, ihm im Winter sein Gartenhaus zur Verfügung zu stellen.

Architekturen sind immobil und werden in Weimar zu Gehäusen für Biografien. Das gilt ganz besonders für die *Dichterzimmer* im Schloss und für die beiden Gebäude, in denen Goethe lebte und schrieb. Im Gartenhaus hat Goethe an *Wilhelm Meisters theatralischer Sendung*, an der *Iphigenie*, am *Egmont* und *Torquato Tasso* und später an der *Italienischen Reise* und an *Wilhelm Meisters Lehrjahre* gearbeitet. Im klassischen Weimar geht es meistens um Geschichten aus der Geschichte, weniger um die reine Baugeschichte.

Es sind nicht die Gebäude, sondern die Bücher, die in den Gebäuden geschrieben wurden, und die Geschichten um die Autoren, die den Mythos Weimar begründen. Ein schon vor der Nutzung als Museum ab 1886 längst nicht mehr bewohntes Gartenhaus wie dieses wäre vermutlich längst verfallen, wäre es nicht *Goethes Gartenhaus*. Das bescheidene Gebäude war etwa 180 Jahre alt, als Carl August es Goethe 1776 schenkte und Goethe die Räume ganz im Sinne der Klassik *einfach und schön* für sich umgestalten ließ. Als er älter wurde, nutzte er das Gartenhaus immer seltener, und seitdem das Haus nicht mehr bewohnt wird,

Goethes Gartenhaus mit dem schindelgedeckten Walmdach scheint auf eine heitere Art mit den Spaziergängern im Ilmpark Verstecken zu spielen.

Man kann es von Weitem bereits entdecken, geht weiter, verliert es, um es gleich wieder als Parkarchitektur in einem anderen Landschaftsbild wiederzufinden.

werden immer wieder aufwendige Erhaltungs- und Restaurierungsarbeiten nötig sein. Die letzte fand 1995/96 statt. Gebäude wie Goethes Gartenhaus haben in einem weitgehend profanisierten Alltag die Funktion von säkularisierten Berührungsreliquien. Genau dort, im Original, einmal gewesen zu sein, ist das Motiv, dorthin zu reisen. Das selbst geschossene Foto des Originals ersetzt in einer materiell bestimmten und überwiegend säkular ausgerichteten Gesellschaft die Reliquie, die den Mythos in das private Ambiente transportiert. So wird ein Ginkgo, den man in Weimar kauft, zu *Goethes Ginkgo*. Er erinnert dauerhaft und lange nach der Wallfahrt nach Weimar, im heimischen Garten eingepflanzt, an den heiligen Ort. Mehr noch: Der Mythos wird in den eigenen Garten transferiert. Goethe ist damit immer da.

Das Haus erhielt 1695 seine heutige Form. Als Goethe es 1776 geschenkt bekam, baute er die Räume nach seinem Geschmack um.

Die Schönheit des Gartens und die meist andächtige Stille im Gartenhaus berühren das Gemüt. Tatsächlich bewegen sich viele Besucher spätestens in Goethes Schlafzimmer mit Andacht, wie in einer Kapelle. Der Geist des Ortes und der Mythos um das Dichten kommen hier zusammen, denn Schreiben gilt manchen nicht als *echte Arbeit* im handwerklichen Sinne, sondern als Musenereignis, als ein geistiges Ereignis, das einem Genie zufließt. Diese Sichtweise entspricht der Haltung in der Weimarer Klassik und wurde von Goethe kultiviert, wenn er beispielsweise am 26. Februar 1824 zu Eckermann sagt, oder gesagt haben soll, *„daß dem echten Dichter die Kenntnis der Welt angeboren sei und daß er zu ihrer Darstellung keineswegs vieler Erfahrung und einer großen Empirie bedürfe."*

Genau für diese romantische Sichtweise vom begnadeten Genie, das nicht *arbeitet*, sondern sich inneren Bildern hingibt, schafft Goethes Gartenhaus die ideale Kulisse. Es veranschaulicht die sentimentale Einfachheit, von der sich der Besucher in die Geschichte hineinsaugen lassen kann. Hektik und Zeitdruck scheint es in dieser Welt nicht zu geben; über dem Ilmpark schwebt Zeitlosigkeit. Man schreitet hier paradoxer Weise vorwärts in die Vergangenheit: Er könnte gleich aus seinem Haus kommen, der Herr Goethe. Angesichts der harmonischen Räume vergisst man, dass der scheinbar zeitlose Zustand das Ergebnis etlicher Reparaturen und Umbauten ist. Schon Goethe musste *denkmalpflegerisch* handeln, als er im Frühjahr 1776 einzog. Das Haus war feucht, Dach, Fenster, Türen und Fußböden beschädigt, der Schornstein verfallen, der Garten verwildert. Rechnungen belegen, dass Goethe Maurer, Dachdecker, Zimmerleute, Tischler, Schmiede, Glaser, Maler und Tapezierer beschäftigte.

Durch Goethes in viele Sprachen übersetzte Romane, Theaterstücke, Dramen und Gedichte wird der Begriff *Weimarer Klassik* direkt mit dem Namen dieses auch außerhalb Europas bekanntesten deutschsprachi-

gen Dichters verbunden. Zu seinen Lebzeiten jedoch war der durch den Staatsdienst gebundene Goethe literarisch nicht so erfolgreich wie Schiller oder Wieland. Dennoch gelten manchen Literaturwissenschaftlern die zwei Jahrzehnte zwischen Goethes erster Reise nach Italien 1786 und Schillers Tod 1805 als die Zeit *der Weimarer Klassik*. Andere umreißen sie mit der *gemeinsamen Schaffensphase* der Autoren Goethe und Schiller zwischen 1794 und Schillers Tod 1805. Auch Goethes sehr viel späteres Todesjahr 1832 wird formal als *Ende der Klassik* benutzt.

Doch *im wirklichen Leben* folgen Bücher und Theaterstücke nicht der späteren Einordnung durch Stilbegriffe. Goethe wollte 1786 einfach nur weg aus dem ihm zu eng gewordenen Weimar und auf nach Rom; er wollte am Abreisetag keineswegs *die Weimarer Klassik* gründen. Als er 1788 aus Rom wiederkam, war in Weimar Einiges geschehen. Auch endet die Klassik nicht mit seinem Tod 1832, zumal sich der fast 83-Jährige lange vom produktiven Literatur- und Theaterbetrieb zurückgezogen hatte. *Die Klassik* hatte eine Sicht auf die Welt, der den Nerv der gebildeten Oberschicht traf und von ihr gefördert wurde. Zeitgleich gab es Vieles andere, romantische, politische, kritische Publikationen. Erinnert sei nur an Heine, Knigge oder Lichtenberg, den Goethe nie als ernsthaften Autor anerkannte.

Goethes Garten wird nach wie vor gärtnerisch so bestellt, dass es den Jahreszeiten gemäß dort lange blühende Blumen gibt, im Sommer sind es duftende alte Rosensorten, die auch als Spalierrosen am Haus hochranken.

Den Garten ließ sich Goethe nach seinen Vorstellungen von dem Hofgärter Johann Reichert aus dem Schloss Belvedere anlegen. Die hellgrau lackierten Gartentüren und Bänke entwarf 1830 Coudray. Seit 1886 dienen Haus und Garten als Museum.

Als Denkmal der Vernunft und euklidischen Geometric – was in der Goethezeit dasselbe ist – gilt auch die steinerne Kugel auf dem kubischem Sockel, der *Stein des guten Glücks*, den Goethe nach eigenem Entwurf in seinem Garten aufstellen ließ.

Bei den idyllischen Orten der Weimarer Klassik kann man leicht übersehen, dass zum Herzogtum Sachsen-Weimar und Eisenach auch die nahe gelegene Universitätsstadt Jena gehörte, wo mit Fichte, Hegel, Schelling und den Brüdern Schlegel zur gleichen Zeit ein zweites Zentrum der Literatur und Philosophie bestand. Während durch den Großherzog und Goethe die durchgrünte, lyrische Residenzstadt inszeniert und kultiviert wurde, fanden in Jena die politischen Auseinandersetzungen zwischen Studenten und Professoren statt. Politische Diskussionen musste der Minister oft auf diplomatischem Wege lösen, weshalb von ihm viele versöhnlichen Bonmots überliefert sind. So auch für die beiden kontrastreichen Städte:

„Weimar – Jena eine große Stadt, die an beiden Enden sehr viel Gutes hat.“

Die Spuren seines arbeitsreichen Alltags finden sich weder in seinem Stadthaus Am Frauenplan, noch in seinem Gartenhaus. Selbst die Küche gibt gleichsam das *Bild* einer Küche wider, wie es auf zeitgenössischen Gemälde zu sehen ist. Das ist gut so, denn mit dieser Ausstrahlung der über den Alltag erhabenen Räume reflektiert dieser Ort genau jene überzeitliche Ruhe, die für die Klassik charakteristisch ist.

Es ist den Denkmalpflegern und Restauratoren der DDR zu verdanken, dass sich Goethes Gartenhaus heute (wieder!) in diesem Zustand befindet. Denn wie andere Gebäude in der Stadt, so hatte auch das Gartenhaus durch Bombendetonationen im Park Schaden erlitten. Die gesamte Statik war beeinträchtigt, die Ostseite des Daches zerstört und die oberen Räume Wind und Wetter ausgesetzt. Bis 1948 konnte mit bescheidenen Mitteln das Dach repariert, das Haus verputzt und mit hellgrauer Farbe getüncht werden. Im Jahr 1954 übernahmen die NFG das Gartenhaus und sorgten für erste Instandsetzungen. Im Jahr darauf wurden die

Innenräume nach den Angaben von Goethes letzter Malerrechnung von 1820/21 neu gefasst. Diese Rechnung bildet seither die Grundlage für die farbliche Rekonstruktion des Gartenhauses.

Seit den 1950er Jahren wurde das Gartenhaus immer wieder restauriert, das Dach repariert und Risse in den Außenmauern behoben. Dabei mussten teilweise erhebliche Eingriffe in die alte Bausubstanz vorgenommen werden, um das Haus überhaupt zu retten. Im Inneren wurden neue Holzbalkendecken eingezogen, der Dachstuhl gerichtet, die Fachwerkwand im Obergeschoss teils aus geborgenem historischen Baumaterial neu aufgestellt und im Erdgeschoss Wände neu aufgemauert. Auch das Mosaikpflaster im Garten wurde nach Beschreibungen in den Quellen rekonstruiert.

Die Arbeiten der Denkmalpfleger und Restauratoren wurden wissenschaftlich dokumentiert. Der Charme des Hauses besteht bis heute darin, dass man alte Materialien wiederverwendete und bei neuen Farbfassungen mit Bedacht vorging.

Im Erdgeschoss von Goethes Gartenhaus wurde die Küche wieder hergestellt. Im Obergeschoss befinden sich sein Schlaf- und Arbeitszimmer.

Die farbige Raumwirkung entspricht dem Zustand von 1820.

Haus der Frau von Stein

Es könnte auch in Rom stehen, das *Haus der Frau von Stein*. Es besitzt eine der schönsten Lagen in Weimar, in der *Ackerwand 25/26*, direkt am Rande des Ilmparks, neben der *Herzogin Anna Amalia Bibliothek* und dem *Fürstenhaus*. Dieses als *Haus der Frau von Stein* bekannte, langgestreckte und zweigeschossige Gebäude mit Eckpavillons und dem in Weimar so beliebten Mansarddach gehört zum Schloss-Ensemble.

Es entstand als Pferdestall mit einem Wohngeschoss gleichzeitig mit dem als *Fürstenhaus* bekannt gewordenen Nachbargebäude, das der Architekt Johann Gottfried Schlegel zunächst als *Versammlungshaus für die Stände der Landschaft* entworfen hatte. Für beide Bauaufgaben war seit 1770 der Bauunternehmer Anton Georg Hauptmann zuständig. Das *Haus der Frau von Stein* wurde auf dem Grundstück des seit 1612 zum Hof gehörenden Stiedenvorwerks gebaut. Doch als 1774 das Residenzschloss abbrannte, wurden die Bauarbeiten am späteren Fürstenhaus vorangetrieben, da-

mit es möglichst bald als Wohnsitz der herzoglichen Familie dienen konnte. Als zwei Jahre später der herzogliche Oberstallmeister und Besitzer des Guts Großkochberg Ernst Josias von Stein (1735–1793) gegenüber dem Fürstenhaus einzog, wurde 1777 das Obergeschoss über den Stallungen der Husaren als Wohnung für ihn und seine Familie ausgebaut. Doch für den Oberstallmeister interessiert man sich weniger als für seine seit 1764 mit ihm verheiratete Frau Charlotte (1742–1827), die als verständnisvolle und langjährige Freundin von Goethe in die Literatur- und Stadtgeschichte Weimars eingehen sollte.

Gemeinsam mit ihrem Ehemann hatte sie acht Kinder, und von ihrem sieben Jahre jüngeren Freund Johann Wolfgang erhielt sie in dreizehn Jahren, zwischen Goethes Ankunft in Weimar 1775 und seiner Abreise nach Rom 1788, rund 1600 Briefe – so wird Goethes Freundin im Goethehaus vorgestellt. Lange Zeit wurde Charlotte von Stein, geborene von Schardt, als tugend-

Eine schmale, nach wie vor stille Hintergasse erlangte Berühmtheit:

Durch die *Seifengasse* führten viele hundert Male Goethes Weg und Rückweg zwischen seinem Haus *Am Frauenplan* und dem Haus der Frau von Stein.

hafte Muse des Dichters stilisiert und die Beziehung mit dem Minister, der ihr manchmal drei kurze Briefe pro Tag schrieb, auf einen schöngeistigen Gedankenaustausch reduziert. Als verheiratete Frau und Hofdame hatte sie keine Ansprüche an Goethe zu stellen, der in stiller Übereinkunft häufig zu Gast im Hause von Stein war.

So war es gesellschaftlich auch nicht vorgesehen, irgend etwas einzufordern, als Goethe nach 13-jähriger Freundschaft und drei gemeinsam in Karlsbad verbrachten Wochen 1788 unangekündigt für zwei Jahre aus ihrem Leben verschwand und ihr erst nach mehreren Wochen mitteilte, wo er sich überhaupt aufhielt. Mit dieser plötzlichen Abreise nach Rom war für Charlotte, deren ältester Sohn überdies mit Knochenkrebs im Sterben lag, die Beziehung zerbrochen. In die Geschichte des klassischen Weimar ging sie ein als gekränkte, zuweilen zynische Hofdame, die Goethes späterer Freundin Christiane das Leben schwer machte.

Über das Verhältnis zwischen Charlotte und Goethe ist viel geschrieben worden. Dies wurde nicht zuletzt dadurch möglich, dass die beiden über Jahre hinweg ihre privaten Empfindungen brieflich austauschten und Goethe seine schriftlichen Äußerungen schon zu Lebzeiten als wertvoll betrachtete und aufhob. Charlotte hingegen forderte ihre privaten Briefe von ihm zurück. Sie sind nicht erhalten.

Weder an Charlotte, noch an Christiane wollte der Minister sich offiziell binden. Zwischen beiden Frauen liegen seine Italienreise und kaum überwindbare Standesunterschiede. Gern wird die Verschiedenheit von Charlotte und Christiane betont: auf der einen Seite die sieben Jahre ältere, gebildete, aber verheiratete Hofdame, auf der anderen die 16 Jahre jüngere, bodenständige Bürgerin. Charlotte und Christiane sind die beiden Frauen, die in Weimar Jahrzehnte lang an Goethes Seite standen, ihn versorgten und ihm als inspirierende Muse und verständnisvolle Zuhörerin dienten.

Johann Wolfgang Goethe

Schiller war als Autor erfolgreich, Goethe war es nicht. Goethe war in erster Linie als Staatsminister gebunden. Bevor er nach Weimar kam, war dem Juristen mit seinem Briefroman *Die Leiden des jungen Werthers* 1774 ein früher literarischer Durchbruch gelungen. Den berühmten Autor des *Werther* empfahlen Wieland und Knebel dem jungen Thronfolger Carl August, und kaum ein Jahr nach dieser Begegnung bekleidete der 26-jährige Goethe ab 1775 als Staatsminister des Herzogs eines der höchsten und verantwortungsvollen Ämter in Sachsen-Weimar-Eisenach.

Als enger Vertrauter seines acht Jahre jüngeren Dienstherrn gingen Goethes Aufgaben weit über die beruflichen Pflichten hinaus: Goethe wurde der väterliche Freund des Herzogs, mit dem er seine Freizeit verbrachte. Die beiden erlaubten sich derbe Scherze ebenso wie kränkende Späße gegen andere. Aber offenbar setzte der Herzog seinen Mitarbeiter künstlerisch nicht sehr unter Druck, geschweige denn forderte er – anders als mancher Verleger – termingerechte Theaterstücke ein. Allenfalls bat er.

Goethe beriet das Herzoghaus in Fragen des Straßenbaus, der militärischen und politischen Strategie, der städtebaulichen Planungen für Weimar, er suchte die Architekten für den Wiederaufbau des Residenzschlosses aus, bestimmte das künstlerische Programm von Schloss, Theater, Park. Kurz: An Goethe kam niemand in Weimar vorbei. Er war ein mächtiger, angesehener und von manchen gefürchteter Staatsminister, der *auch* schrieb, forschte, sammelte, Theater spielte –

und ganz nebenher mit seiner Freundin Christiane Vulpius fünf Kinder bekam, von denen nur der älteste Sohn August das Erwachsenenalter erreichte.

Mit seinen kosmopolitischen Interessen und seiner Lebensweise prägte Goethe das Bild, das man sich nach seinem Tod von *den Klassikern* in Weimar machte: Die ganze Stadt wird zur Bühne gesellschaftlicher Begegnungen, das Leben selbst gerät zur Inszenierung. Selbstdarstellung gehört in einer Residenzstadt zum Handwerkszeug, wenn man in gehobene gesellschaftliche Kreise aufgenommen werden will – Goethes Frau bleibt davon ausgeschlossen. Die illustren Runden der Herzogin verlangen nach Theateraufführungen, Musik, anspruchsvoller Unterhaltung. Viele Tage sind für den Staatsbeamten angefüllt mit Empfängen, Besprechungen, Verpflichtungen. Der Geheimrat schrieb viel, ja, aber er war zeitweise kein hauptberuflicher Schriftsteller mehr. Seine Verleger Bertuch und Göschen hatten seine Popularität falsch eingeschätzt: Sie verspekulierten sich mit einer Gesamtausgabe von Goethes Werken und blieben auf den acht Bänden sitzen. Goethe wurde später nicht mehr gekauft, während sich mit Schiller, Wieland und Herder Geld verdienen ließ.

Am 2. Juni 1782 zieht der Geheimrat und Minister in das *Goethehaus Am Frauenplan*, zunächst als Mieter, seit 1794 als Eigentümer. Goethe wohnt dort fast 50 Jahre, bis er am 22. März 1832 stirbt. Schiller kauft für seine Familie drei Jahre vor seinem Tod mit geliehenem und durch Bücher verdienten Geld ein Haus; Goethe bekommt gleich zwei Häuser geschenkt.

Das Haus, das Goethe fast fünf Jahrzehnte (1782–1789 und dann nach der Romreise 1792–1832) mit seiner Familie bewohnte, steht *Am Frauenplan*.

Zwischen dem Gasthaus *Zum Schwan* und Goethes Haus führt die *Seifengasse* direkt zum *Haus der Frau von Stein*. Dieser Weg war für Goethe nicht mehr so bedeutsam, nachdem er aus Rom zurückkehrte und am 12. Juli 1788 seine Lebensgefährtin und spätere Frau Christiane Vulpius kennengelernt hatte.

Der achteckige gusseiserne *Goethebrunnen* von Clemens Wenzeslaus Coudray wurde 1821 anstelle eines älteren Brunnens hier aufgestellt.

Als 1885 Goethes letzter Enkel Walther Wolfgang von Goethe als letzter Bewohner des Goethehauses stirbt, vermacht er das gesamte Anwesen testamentarisch dem Großherzogtum. Auf diese Weise gelangt das Haus wieder zurück an den vormaligen Besitzer, den Großherzog. Seitdem dient es als Museum, oder besser als *Gedenkstätte*. Wie kein anderes Dichterhaus wirkt das Goethehaus als Kultstätte; in den Sommermonaten warten Goethepilger in Schlangen vor dem Eingang, während für das benachbarte Goethemuseum, das tiefere Einblicke in die Klassik vermittelt, keine Zeit bleibt. Selbst andere Häuser wichtiger *Klassiker* in Weimar, die nur wenige Gehminuten entfernt sind, werden selten besucht. Das Goethehaus hingegen ist ein säkularisierter Wallfahrtsort, dessen Allerheiligstes Goethes Schreibtisch und sein Sterbezimmer bilden.

Würde nicht die Ausstattung auf die Vergangenheit verweisen, könnte man meinen, die einstigen Bewohner stünden im nächsten Augenblick hinter einem. Wer einen Teil von Goethes Tagebüchern, Notizen und Briefen im Kopf hat, wird das Gefühl nicht los, in die Privatsphäre der längst verstorbenen Bewohner einzudringen. Auf irritierende Weise meint man, Vieles zu kennen, hat man sich doch beim Lesen von Eckermanns *Gesprächen mit Goethe* längst Goethes Arbeitszimmer im Geiste erschaffen, hat in Goethes *Farbenlehre* gelernt, nach welchen Kriterien er die Farben für seine Wohnräume auswählte.

Es gehört aber ausdrücklich zum Museumskonzept, dass keinerlei Beschriftungen die Atmosphäre stören.

Das stößt bei Besuchern oft auf Kritik. Offenbar irritiert die Authentizität des Ortes so stark, dass Mancher die Scheinsicherheit von Informationen auf Museumsbeschriftungen vermisst. Goethe selbst aber hatte verfügt, dass er sein Haus nicht als Museum, sondern als Wohnhaus zu erhalten wünschte.

Etwas zumindest schafft Distanz: Die Räume wirken sehr aufgeräumt, wenn man bedenkt, dass Goethe ein leidenschaftlicher Sammler war. Wo sind die rund 50 000 Objekte, die er hier gesammelt hat? Die meisten werden seit 1885 im Goethe-Nationalmuseum aufbewahrt, und sein schriftlicher Nachlass füllt 480 Kästen im Goethe- und Schiller-Archiv (S. 126).

Es ist ein stattliches, großbürgerliches Haus mit einem 1575 Quadratmeter großen Blumen- und Selbstversorgergarten, das der 42-jährige Minister nach der Rückkehr aus Rom mit seiner 26-jährigen Lebensgefährtin Christiane Vulpius, dem zweijährigen Sohn August und mehreren Bediensteten im Sommer 1792 bezieht. Goethe baut das aus Vorder- und Hinterhaus bestehende Anwesen für die Bedürfnisse seiner Familie in einen repräsentativen und einen privaten Bereich um. Als bauliche Verbindung über den Hof lässt er im ersten Obergeschoss ein Brückenzimmer einfügen. Wichtig ist dem Minister ein neues, standesgemäßes Treppenhaus. Nach dem Vorbild palladianischer Villen entwirft er es selber und mit sicherem Gespür für Proportionen. Seine Gäste sollen hinaufschreiten können. Die antikisierenden Skulpturen bereiten die Besucher auf das vor, was sie bei Goethe erwarten dürfen.

Das großzügige Treppen-
haus führt in die straßen-
seitig, zum *Frauenplan*,
gelegenen, repräsentativen
Räume im ersten Geschoss.
Goethe selbst skizzierte
mehrere Entwürfe für
die Treppe, die in seiner
Abwesenheit nach seinen
Wünschen eingebaut wurde.

Das blaue Brücken- oder Büstenzimmer im Goethehaus mit Abgüssen von antiken Plastiken und den antikisierenden Büsten von Schiller und Herder.

Goethe war ein leidenschaftlicher Sammler. Als er starb, hinterließ er eine Bibliothek mit 6 500 Bänden, 26 000 Kunstgegenstände aller Art, 18 000 Steine und Mineralien und 5000 naturwissenschaftliche Sammelstücke.

Das berühmteste Fotomotiv in Goethes Haus hat Goethe selbst nie sehen können: den Durchblick durch die Raumfolge aller sechs stadtseitigen, unterschiedlich farbigen Räume. Als Goethe hier wohnte, war die Tür zu den beiden privaten Räumen mit den Sammlungsschränken und dem mächtigen Kartentisch für Atlanten geschlossen, denn die letzten beiden Räume dienten Goethe als Studien- und Sammlungszimmer. Die heute wieder aufgestellten Vitrinenschränke und der Kartentisch erinnern an diese Funktion.

Die Vitrinenschränke mit Steinen, Knochen, Blättern und anderen Sammlungsgegenständen suggerieren, dass Goethe intensiv wissenschaftlich arbeitete. Goethe forscht, aber er ist kein Wissenschaftler. Er forscht und schreibt nicht zum Broterwerb, sondern er bekleidet als Minister eines der höchsten Staatsämter. Anders als Schiller oder Wieland hatte Goethe auch nie eine Professur inne, sondern war die meiste Zeit seines Lebens als Staatsbeamter mit politischen und praktischen Aufgaben betraut. Seine Forschungen, wie etwa die *Farbenlehre* oder seine *Beiträge zur Optik* sind bis heute in vielerlei Hinsicht hochinteressant, waren aber damals nicht immer auf der akademischen Höhe der Zeit. Goethe suchte den Kontakt zu Wissenschaftlern an Universitäten, etwa an der nahe gelegenen Jenaer Universität, oder 1783 nach Göttingen zu Georg Christoph Lichtenberg, dem führenden Experimentalphysiker seiner Zeit. Als Goethe aber Isaak Newton polemisch kritisierte, ging dem Physikprofessor auf, dass ein ernsthafter wissenschaftlicher Diskurs mit dem forschenden Minister nicht möglich sein würde. Sechs Jahre zuvor hatte Lichtenberg mit Geist und Witz Lavaters *Physiognomische Fragmente* parodiert (1777), und damit Goethe bereits verletzt. Denn wie viele Zeitgenossen beschäftigte sich Goethe eben auch mit der damals modernen Physiognomik.

Antike Riesenhäupter und feierlich gebundene Lorbeerkränze können damals wie heute einschüchternd wirken. Die Arrangements verkünden Bildung in jedem Gegenstand. *„Am Kapitol, am Kapitol, steh ich und weiß nicht, was ich sol(l)!"* Dieser Kalauer wurde August in den Mund gelegt, dem Sohn des *Universalgenies* Johann Wolfgang. Er bringt die Hilflosigkeit zum Ausdruck, wenn das, was es zu sagen gäbe, längst schon von *Größeren* besser formuliert wurde. Ein bitteres Lebensgefühl, auch ein Erbe der Klassik.

Wer dem Allerheiligsten näher kommt – Goethes Arbeitsraum und seinem Sterbezimmer – kann es wie Goethes Sohn ergehen. Das Leiden an der Bedeutungsfülle entsteht durch die Reproduzierbarkeit der Bilder, die man im Kopf trägt, bevor man einen bedeutsamen Ort persönlich besucht. Das Thema begleitet jeden Weimar- oder Rombesucher, heute wie vor 200 Jahren. Je näher man kommt, desto mehr drängt die Entscheidung: Anbetung oder Distanz, das Knie beugen oder

das Heilige aufklärerisch analysieren. Was tun vor Goethes Sterbesessel?

Den Ausweg bietet Goethe selber. Auch er bewegte sich im Spannungsverhältnis von Reproduktion und Original, er war nicht der Erste, den es an den Tiber zog. Er wusste bereits vor seiner Reise, was ihn erwartete und brachte innere Rombilder mit. Kupferstiche mit Veduten hingen in seiner Jugend in seinem Elternhaus in Frankfurt am Main. Später hatte Goethe Zeichnungen, Gemälde, Gips- und Korkmodelle antiker Kunst studiert, bis es ihn 1786 übermächtig von Weimar nach Rom zog: *„Morgen abend also in Rom. Ich glaube es noch jetzt kaum, und wenn dieser Wunsch erfüllt ist, was soll ich mir nachher wünschen?"*, schreibt er am 28. Oktober. Er hatte Rom oft auf Reproduktionen gesehen und wollte endlich an die Originale. Am 1. November schreibt er aus Rom: *„Ja, endlich bin ich in dieser Hauptstadt der Welt angelangt! (…) Die Be-*

gierde, nach Rom zu kommen, war so groß, wuchs so sehr mit jedem Augenblicke, daß kein Bleiben mehr war, und ich mich nur drei Stunden in Florenz aufhielt. Nun bin ich hier und ruhig und, wie es scheint, auf mein ganzes Leben beruhigt. Denn es geht, man darf wohl sagen, ein neues Leben an, wenn man das Ganze mit Augen sieht, das man teilweise in- und auswendig kennt." Zwei Jahre Rom veränderten sein Leben. Kaum war er zurück, traf er Christiane.

Goethes Arbeitszimmer
im Hinterhaus.

Goethes Schlafzimmer.
Hier starb Johann Wolfgang
Goethe, im Sessel sitzend,
am 22. März 1832.

Goethe erschafft sich eigene Bilder. Deshalb fühlt er sich nicht erdrückt von der Übermacht der reproduzierten Bilder und von dem bereits Beschriebenen. Für ihn ist der Unterschied zwischen Reproduktion und Original noch klar zu spüren. Warum? Weil er nicht wie ein eiliger Tourist schaut, sondern wie ein Gast. Er hatte sich viele Jahre mit dem, was er zu erwarten hoffte, auseinandergesetzt. Als er nach Rom kommt, sind ihm die Geschichten bekannt. Doch er bleibt. Fast zwei Jahre lebt er in Rom, wo er sein Wissen mit eigenem Nacherleben lebendig macht. Das Ziel seiner Träume ist es ihm wert, eine beschwerliche Reise auf sich zu nehmen, denn *„Alle Träume meiner Jugend seh' ich nun lebendig; die ersten Kupferbilder, deren ich mich erinnere (…), seh' ich nun in Wahrheit, (…); es ist alles, wie ich mir's dachte, und alles neu."* Goethe sieht Rom *in Wahrheit*, und nicht als Bestätigung der Bilder.

Man muss nicht Goethe gelesen haben, um das Goethehaus als Originalschauplatz zu verstehen. Das Haus hat trotz der vielen Besucher im Jahr seine Privatheit bewahrt. Die Botschaft Goethes macht es einem nicht schwer, denn sie ist nicht an strenge konventionelle Regeln gebunden. Goethe war ein sinnenfroher Mensch, der sein Leben nicht allein in den Dienst der Arbeit stellte. Er war kein Protestant, kein Katholik, sondern ein Pantheist. Er verehrte die Natur und sah in allem Lebendigen das Göttliche. Genau darin können ihm viele Menschen folgen, vor allem jene, die sich nicht in einer der monotheistischen Religionen zuhause fühlen. Goethes Religiosität ist unverbindlicher, vager, sie lässt unterschiedliche Interpretationen zu und viele Möglichkeiten offen. Der Mythos Goethe fordert dem Besucher keine literarischen Vorkenntnisse ab, denn wer als Besucher kommt, bringt eine Vorstellung von der Bedeutung des Ortes mit. Die realen und fiktiven Gestalten der Klassik stecken im Goethehaus in jedem Zimmer, blicken einen an in den Köpfen der antiken Repliken, klingen aus dem Rhythmus von

Goethes Garten ist nach wie vor bezaubernd. Eigentlich ist es Christianes Garten. Goethes Frau hat Vieles allein getragen und ihrem Mann Manches ermöglicht. Dafür hat sie hart gearbeitet. Sie hat das Haus und den Garten bestellt, auch wenn Goethe monatelang verreist war. Das Paar lebte in diesem Haus 28 Jahre zusammen, davon die letzten zehn Jahre als Ehepaar.

Pferdehufen auf Kopfsteinpflaster und riechen aus jeder Rosenblüte in Goethes Garten.

Das ist gut so. Und durchaus im Sinne der Klassik, denn es geht darum, dass sich der Betrachter durch die Fülle der Schönheit im tiefen Inneren ergreifen lässt, – ohne den Verstand zu verlieren – und dass ein Reflektionsprozess beginnt, weil man sich aus der Ergriffenheit des Erlebten selbst in Beziehung zu dem großen Schauspiel setzt, in das man im Goethehaus eintaucht. Bei allem, was man hier sieht, haben sich die Museumsleute und Restauratoren um hohe Qualität bemüht. Es stecken unendlich viele Stunden in der wissenschaftlichen Erforschung, Bewahrung, Pflege und Präsentation der Räume im Goethehaus. Es handelt sich hier nicht um eine Kopie, sondern um restaurierte Originale. Goethe sagte am 26. Februar 1824 zu Eckermann: *„Den Geschmack kann man nicht am Mittelgut bilden, sondern nur am Allervorzüglichsten".* Dieser Satz kann mit Recht für die Präsentation im Goethe-haus wie für alle anderen Museumshäuser in Weimar gelten. Nichts ist hier billig oder lieblos reproduziert, jedes Detail ist von hoher künstlerischer, handwerklicher und materieller Qualität. Nur deshalb ist das Goethehaus so faszinierend. Salopp formuliert: Es hat einen Wert als bauliche Urkunde, ist gut gemacht und sieht schön aus. Wenn der Zauber dieses Ortes bewirkt, dass man begeistert ist, neugierig wird und sich in Weimar ein Buch von Goethes *Wahlverwandt-schaften* kauft oder den Briefwechsel mit seiner Frau Christiane für sich entdeckt, dann wird der Besuch in Weimar Vieles in Bewegung bringen. Man muss den Mythos erkennen und überwinden. Wenn man im Goethehaus eines lernen kann, dann dies: die eigenen Bilder zu finden. Alles andere kann man nachlesen. Einen Anfang findet man im benachbarten Goethemuseum, wo man mit sich und einer Fülle von sorgsam ausgewählten Texten zu vielen Personen um den Mythos Goethe herum allein ist.

Eine mobile Reliquie auf Rädern: Goethes Reisekutsche steht in der Remise. Seit 1799 besaß Goethe eigene Pferde und stellte einen Kutscher ein.

Schloss und Park Belvedere

Schloss Belvedere liegt drei Kilometer außerhalb der Altstadt auf einer Anhöhe. Es ist über die *Belvederer Allee,* die schnurgerade auf das Schloss zuführt, schnell zu erreichen. Wer *das klassische Weimar* besucht, sollte die Sommersitze Tiefurt, Ettersburg und Belvedere nicht auslassen. Diese Anlagen sind bezaubernd.

Man sieht es dem Schloss Belvedere schon von weitem an, dass seine Baugeschichte lange vor dem *klassischen Weimar* beginnt, denn es atmet noch den Geist des Barock und Rokoko. Belvedere gehört zu den zwanzig schnell und einfach gebauten Lustschlössern des verschwenderischen Herzogs Ernst August, der es ab 1724 von den Baumeistern Johann Adolf Richter und Gottfried Heinrich Krohne als barocken Baukomplex planen lässt. Damals entstehen die heute noch erhaltenen Gebäude: Das Hauptschloss mit den symmetrisch rechts und links davon den Ehrenhof rahmenden beiden Kavaliershäusern, den so genannten *Uhrenhäusern.* Es folgten weitere Umbauten und zusätzliche Nebengebäude im Geschmack des Barock, die Carl August später weitgehend entfernen ließ: Wachhäuser, Stallungen, Remisen, Fasanenhäuser und Volieren, ein Reit- und ein Ballhaus. Die Baumeister hatten bei diesem Lustschloss das Wiener Belvedere als Vorbild im Kopf.

Als Anna Amalia 1756 als junge Braut nach Weimar kommt, wird Belvedere kurzzeitig ihr Lieblingsort; sie hält sich aber nur in ihrem ersten Weimarer Sommer und dann wieder 20 Jahre später 1776 länger hier auf, denn sie verbringt die Sommer lieber in Schloss Tie-

furt. Ihr Sohn Carl August findet das strenge Barockschloss und vor allem den Rokokogarten unerträglich und fängt an, das Anwesen in der Mode seiner Zeit klassizistisch umzubauen. Mit Ausnahme des Schlosses und der beiden Kavaliershäuser, der Orangerie, des Gärtner- und des Wirtshauses lässt er die bestehenden Gebäude abreißen.

Den bestehenden, strengen geometrischen Garten lässt er ab 1777 in mehreren Phasen zu einem *englischen Landschaftsgarten* in der Mode seiner Zeit umgestalten. Der lange verkannte Künstler und Landschaftsarchitekt Hermann Fürst von Pückler-Muskau, der auch den Park im nahe gelegenen Schloss Ettersburg mit seinem *Pücklerschlag* umgestaltete, beschreibt den Park und die Orangerie von Belvedere in seinem literarischen Tagebuch *Briefe eines Verstorbenen.* Der Botaniker August Wilhelm Dennstedt leitet die Anlage des Botanischen Gartens. Carl August ist vor allem in den 1790er Jahren oft in Belvedere, um Feste zu feiern, oder auch um sich aus der Stadt zurückzuziehen. Auch Goethe findet in diesem naturnahen Ambiente Ruhe und schreibt seinen *Tasso.* Später verliert der Herzog das Interesse an Belvedere und überlässt es 1796 bis 1801 Jean Mounier, dem ehemaligen Präsidenten der Pariser Nationalversammlung, der im Schloss eine *Erziehungsanstalt* für höhere Söhne einrichtet. Nun kommen junge Engländer nach Belvedere.

Erst Carl Augusts Sohn Carl Friedrich und seine Frau Maria Pawlowna (S. 112) und interessieren sich seit 1811 wieder für Belvedere. Sie lassen die verwil-

Einen südlichen Charme prägt die Anlage von Schloss Belvedere. Das Hauptgebäude ist vergleichsweise klein. Mehrere große Gewächshäuser lassen die Pflanzenvielfalt der damaligen Zeit erahnen.

derten Gartenanlagen nach ihrem Geschmack neu anlegen: Nach dem Schlossgarten ihrer Jugend, Paw-
lowsk bei St. Petersburg, entsteht für Maria Pawlowna
der *Russische Garten* im Westen des Schlosses, an den
1823 ein kleines Heckentheater und 1843 ein Irrgarten
angefügt wurden. Die Pflanzensammlungen von Belvedere waren um 1820 als *Hortus Belvedereanus* berühmt. Goethe und Carl August verbrachten hier mit

botanischen Versuchen in den Gewächshäusern oft
ihre Zeit. Maria Pawlowna lässt die Mauer um den Garten herum abreißen, damit der Landschaftsgarten nun
optisch in den Wald übergeht und auch für die Bevölkerung offen ist. Außerdem lässt sie romantische
Elemente in den Landschaftsgarten einfügen: Wasser-
spiele, Lauben, Grotten, Rondelle, Mooshütten und
Schneckenberge.

Carl Alexander, der Sohn der Großherzogin Maria Pawlowna, verändert an diesen Anlagen nichts Wesentliches mehr, sondern nutzt den bestehenden Park seit 1861 für Sommerfeste für die Weimarer Bevölkerung und die Künstler, die an der von ihm gegründeten Weimarer Kunstschule studieren. Unter Carl Alexander kommt auch das *Heckentheater* aus den Zeiten seines Großvaters Carl August zu neuen Ehren.

Nachdem der Großherzog nach dem Ersten Weltkrieg abdanken musste und das Herzogtum während der Weimarer Republik im Freistaat Thüringen aufging, gelangte das Schloss ab 1922 in den Besitz des Landes und wurde zum Museum umgestaltet. Dort sind heute wertvolle Sammlungen zu sehen, die die Kultur des 18. Jahrhunderts repräsentieren: Porzellan, Fayencen, Glas, Schmuck, Möbel, Textilien, Stiche und Gemälde. Aus den Kavaliershäusern dringt oft Musik, gehören sie doch seit langem zur *Hochschule für Musik Franz Liszt Weimar*. Vor allem aber wird die heutige Anlage von den etwa 120 Schülerinnen und Schülern des *Musikgymnasiums Schloss Belvedere* belebt, das 1996 den modernen Schulbau im Schlosspark bezog.

Zwischen 1974 und 1978 stellten die Gartendenkmalpfleger der *Nationalen Forschungs- und Gedenkstätten der klassischen deutschen Literatur in Weimar* (*NFG*) den Park einschließlich des Russischen Gartens von Maria Pawlowna wieder her. Heute gehört Schloss Belvedere zur *Klassik Stiftung Weimar*, die 1991 aus den *NFG* hervorging.

Die Lustigen von Weimar

Donnerstag nach Belvedere,
Freitags geht's nach Jena fort;
Denn das ist, bei meiner Ehre,
Doch ein allerliebster Ort!
Samstag ist's worauf wir zielen,
Sonntag rutscht man auf das Land;
Zwäzen, Burgau, Schneidemühlen
Sind uns alle Wohlbekannt.

Montag reizet uns die Bühne;
Dienstag schleicht dann auch herbei,
Doch er bringt zu stiller Sühne
Ein Rapuschen frank und frei.

Mittwoch fehlt es nicht an Rührung:
Denn es gibt ein gutes Stück.
Donnerstag lenkt die Verführung
Uns nach Belveder' zurück.

Und es schlingt ununterbrochen
immer sich der Freudenkreis
Durch die zweiundfünfzig Wochen,
Wenn man's recht zu führen weiß,

Spiel und Tanz, Gespräch, Theater,
Sie erfrischen unser Blut;
Laßt den Wienern ihren Prater:
Weimar, Jena, da ist's gut!

Goethe 1813

Neben dem *Russischen Garten* liegt das *Heckentheater* aus der Goethezeit. Der Park hält bezaubernde Überraschungen bereit, so etwa die Rosenlaube der Anna Amalia, das Rosenberceau mit Springbrunnen, den *Gelehrtenplatz* mit den Büsten der vier Klassiker, und einen grandiosen Blick in die Landschaft vom *Moosbassin* und der *Mooshütte* aus.

Die schnurgerade Lindenallee wurde noch unter Anna Amalia angelegt.

Friedrich Schiller

Mit Schillers Wohnhaus an der *Esplanade*, der heutigen *Schillerstraße*, betritt man ein atmosphärisch reiches Bürgerhaus, das den gehobenen Wohngeschmack der Zeit um 1800 widerspiegelt. Im Schillerhaus wurde gewohnt, im Goethehaus steht die Darstellung der offiziellen Persönlichkeit im Vordergrund.

Auch wenn Familien heute anders wohnen als vor 200 Jahren, und auch wenn man weiß, dass im Schillerhaus Vieles auf denkmalpflegerischer Rekonstruktion und Interpretation der Befunde beruht, kommt die unmittelbare Information an, dass dies ein Wohnhaus und kein offizielles Empfangsgebäude sein will. Kein palladianisches Treppenhaus, keine antiken Büsten, keine Sammlungsschränke, kein Bibliothekszimmer voller Bücher. Hier schwirren keine Geister aus dem Ilmpark durch die Räume, hier wird nicht die römische Antike heraufbeschworen. Stattdessen knarrende Dielen, fröhlich gemusterte (rekonstruierte) Tapeten, ein Kinderbett, sechs Sektflöten, eine Kaffeekanne.

Der Familienmensch und Erfolgsautor Schiller ist in seinem Haus präsenter als der Staatsminister Goethe in seiner Enfilade aus Repräsentationsräumen, die mit ihren antiken Statuen voller Bedeutungsschwere auf allem lasten. Der Unterschied hat mit der Rezeptionsgeschichte der beiden Dichterhäuser zu tun. Während Goethes Räume bis zu seinem Enkel im Wissen um die Bedeutung des Hauses und den über fünf Jahrzehnte von Goethe zusammengetragenen Sammlungen für die Nachwelt bewahrt wurden, ging Schillers nur wenige Jahre von ihm bewohntes Haus einige Zeit nach seinem Tod in fremde Hände und wurde umgestaltet.

Der Bauunternehmer und Hofjäger Anton Georg Hauptmann, der seit 1770 auch das *Fürstenhaus* und den *Husarenstall* (S. 68) baute, errichtete dieses Wohnhaus 1777 an einer städtebaulich reizvollen Stelle. Erst wenige Jahre zuvor war hier 1765 die *Esplanade* entstanden, eine mit zwei Baumreihen bepflanzte Flaniermeile anstelle der früheren Stadtbefestigung.

In diesem Haus mit der frühklassizistischen Fassadengliederung wohnte Schiller die letzten drei Jahre seines Lebens, 1802–1805.

Im ersten Geschoss wurde gewohnt, im Mansardgeschoss arbeitete Schiller. Anders als Goethe war Schiller mit seinen vier Kindern nicht auf Repräsentation bedacht, sondern brauchte Räume.

So baute er auch das Treppenhaus um, aber um zusätzlichen Wohnraum zu gewinnen.

Die zum Hof ausgerichtete langgestreckte Küche im Erdgeschoss wurde in einem warmen Rot rekonstruiert.

Hauptmann verband den Neubau mit einem älteren Nebengebäude aus dem 15. Jahrhundert zu einem ineinander greifenden Baukomplex aus Vorder- und Hinterhaus. Schiller kauft das *Haus an der Esplanade* 1802 und lebt dort mit seiner Frau Charlotte und seinen vier Kindern vom 29. April 1802 bis zu seinem Tod am 9. Mai 1805. Als Charlotte am 9. Juli 1826 in Bonn stirbt, verkaufen die erwachsenen Kinder das Haus. Bereits eine Generation später wird es 1847 von der Stadt Weimar erworben, um es zu retten und das Andenken an Schiller zu bewahren. Im Zweiten Weltkrieg wurde das Haus stark beschädigt, konnte aber notdürftig gesichert und 1946 wieder eröffnet werden. Zwischen 1984 und 1988 wird es baugeschichtlich untersucht, restauriert und rekonstruiert. Die späteren Einbauten werden entfernt, die Tapeten rekonstruiert und die Präsentation völlig neu gestaltet. Im Zuge dieser Maßnahmen entsteht das Schillermuseum auf einer Nachkriegsbaulücke für eine ständige Sammlung und Wechselausstellungen, wie eine Theaterretrospektive zum Schillerjahr 2005 anlässlich des 200. Todestages Schillers. Während das Schillermuseum informiert und Bücher anbietet, wird das Schillerhaus als Memorialstätte präsentiert, ein ähnliches Konzept wie bei Goethehaus und -museum.

Die Namen der Autoren Schiller und Goethe bilden die inhaltliche Klammer, die das klassische Weimar zusammenhält. Was für das Außenbild der Stadt von Vorteil ist, erwies sich als fatale Verbindung für die Schillerrezeption. Denn Schiller kommt damit in offiziellen Darstellungen immer als Anhängsel Goethes daher. Nicht zuletzt wurde dieses Bild durch die Heroisierung der Dichterfreundschaft und das daraus hervorgehende Goethe- und Schiller-Denkmal von Rietschel auf dem Theaterplatz (S. 128) als vielfach reproduziertes Fotomotiv zementiert. Tatsache ist, dass Schiller zu Lebzeiten mehr gelesen und auf Theaterbühnen inszeniert wurde als Goethe.

Das Schillerhaus erschließt sich auf drei Ebenen. Im Erdgeschoss liegen die Funktionsräume: Von der Eingangshalle führt das Treppenhaus nach oben in die privaten Wohnräume der Familie im ersten Geschoss und weiter hinauf in die Arbeits- und Gesellschaftsräume Schillers im Mansardgeschoss. Im Erdgeschoss befinden sich hinter dem Zimmer des Dieners ein Wirtschaftsraum und die Küche.

Als man in den 1980er Jahren das Haus bauarchäologisch untersuchte, wurde erstmals wissenschaftlich erfasst, wie umfangreich die Umbauten waren, die Schiller zwischen Mai und Mitte August 1802 hatte durchführen lassen und von denen er in mehreren Briefen berichtet. Er scheut weder Lärm noch Dreck, als er das bestehende Treppenhaus herausnehmen und verlegen lässt, um zusätzlichen Wohnraum zu gewin-

Das erste Geschoss war dem Wohnen der Familie vorbehalten. Das rührend anmutende Kinderbett steht im hofseitig gelegenen Schlafzimmer der Töchter. Von Charlottes Zimmer ergibt sich der Blick durch das mittlere Gesellschaftszimmer in das Wohn- und Esszimmer der Familie. Die heitere Farbigkeit der Tapeten wurde 1988 nach Befunden rekonstruiert.

nen und das Vorderhaus besser mit dem Hinterhaus zu verbinden. Goethe baut ein repräsentatives Treppenhaus ein, Schiller baut seines aus.

Im Erdgeschoss lässt Schiller den Fußboden des Diener- und Wirtschaftszimmers um 30 Zentimeter anheben, einen Gewölbekeller einbauen, verändert Türen, baut Wandschränke und in seinem Arbeitszimmer Wandregale in die Dachschrägen ein. In jedem Raum werden unterschiedliche handgedruckte Papiertapeten und Bordüren in warmen und fröhlichen Farben angebracht, und auch die Wandregale lässt Schiller mit den Tapeten überziehen. Umfangreiche Maßnahmen, von denen er selbst kaum drei Jahre profitierte. Schiller war bereits ein schwerkranker Mann, als er sich und seiner Familie die Bauarbeiten zumutete.

Charlotte schreibt am 22. Mai 1809 an den Bonner Juristen Bartholomäus Ludwig Fischenich in einem Brief: „… *Mit welcher Größe ertrug er seine Krankheit. … Seine reiche Phantasie konnte auch in den schmerz-* *lichsten zuständen nicht gelähmt werden.*" Sie bleibt mit den Kindern im Haus, und als diese erwachsen werden, vermietet sie die Räume teilweise. Als die beiden Söhne Ernst und Karl ins Rheinland zogen, besucht Charlotte sie dort mehrmals und hält sich monatelang in Köln und Bonn auf. Als sie in Bonn an den Folgen einer Augenoperation stirbt, lösen die Kinder den Hausstand auf, versteigern die Möbel und verkaufen das Haus 1827 an den Gartenbauinspektor Johann Christoph Weise, dessen Familie das Haus teilweise vermietet, aber nicht umbaut. Als deren Erben das Gebäude öffentlich versteigern wollen, beschließt der Rat der Stadt Weimar am 4. Juni 1847, Schillers Haus für 5027 Taler zu kaufen und als Gedenkstätte möglichst original wieder herzustellen. Seitdem machten sich verschiedene Institutionen um die Erhaltung des Hauses verdient, bis schließlich die *NFG* als Vorgängerinstitution der *Klassik Stiftung Weimar* 1985–1988 den heutigen Zustand rekonstruierte.

Über den Wohnräumen der sechsköpfigen Familie liegt Schillers Wohn- und Arbeitsbereich. Auf das Empfangszimmer mit der Schillerbüste und dem Portrait Schillers von Anton Graff folgt ein Gesellschaftszimmer, in dem auch Schauspielproben stattfanden, und Schillers Arbeitszimmer. Wie im Wohngeschoss, so dienen auch im Mansardgeschoss die beiden winzigen Hinterzimmer zum Schlafen und Ankleiden.

Für die *Weimarer Klassiker*, und ganz besonders für Schiller, war das Theater das Mittel zur sittlichen Erziehung. Man denke an Schillers in Weimar geschriebene Dramen *Maria Stuart* (1800), *Die Jungfrau von Orleans* (1801), *Die Braut von Messina* (1803) oder *Wilhelm Tell* (1804). Schillers Helden bewegen sich – wie der Schiller selbst – im Spannungsfeld zwischen den politischen Zwängen und dem angestrebten

Ideal eines freien, selbstbestimmten Menschen, dessen Selbstentfaltung dann die Gesellschaft auf ihrem Weg zum sittlich guten Handeln voranbringt.

Für *die Weimarer Klassik* ist charakteristisch, dass sie sich aus tagespolitischen Problemen weitgehend heraushält und Fragen des täglichen Lebens in überzeitliche und überpolitische Zusammenhänge einordnet, um zu allgemeinen Lösungen zu gelangen. Das ist nur folgerichtig in einer Monarchie, in der das politische Zentrum mit den Residenzgebäuden vor der Haustür der Autoren steht. Deshalb gilt der Konservatismus für den politisch gebundenen Staatsminister Goethe, er gilt aber keineswegs für Autoren wie Wieland, Herder und Schiller.

Die Souveränität des Juristensohnes Goethe wird der oft gequälten Existenz Schillers gegenübergestellt, der als Deserteur und Lazarettarzt schon früh mit der Staatsmacht in Konflikt geriet und gesundheitlich wie finanziell unter Einschränkungen litt. Schiller stand mitten im Leben. Er lehrte an der Jenaer Universität und war sich bewusst, dass Menschen durch Kunst und Philosophie allein niemals zu vernünftigem Handeln zu erziehen seien. Dies äußert er beispielsweise nach der Französischen Revolution in einem Brief von 1793 an den Prinzen von Schleswig-Holstein-Augustenburg: *„… Wäre das Faktum wahr, – wäre der außerordentliche Fall wirklich eingetreten, dass die politische Gesetzgebung der Vernunft übertragen, der Mensch als Selbstzweck respektiert und behandelt, das Gesetz auf den Thron erhoben, und wahre Freiheit zur Grundlage des Staatsgebäudes gemacht worden, so wollte ich auf ewig von den Musen Abschied nehmen, und dem herrlichsten aller Kunstwerke, der Monarchie der Vernunft, alle meine Tätigkeit widmen. (…) Ja, ich bin so weit entfernt, an den Anfang einer Regeneration im Politischen zu glauben, dass mir die Ereignisse der Zeit vielmehr alle Hoffnungen dazu auf Jahrhunderte benehmen. …"*

Im zweiten Obergeschoss liegen Schillers Arbeits- und Gesellschaftsräume. Im Empfangszimmer ist der grüne Keramikofen erhalten. Den Gipsabguss seiner eigenen Portraitbüste bekam Schiller 1794 von Johann Heinrich Dannecker. Über dem Sofa hängt eine Kopie des berühmten Schillerportraits, das Anton Graff 1791 in Öl malte.

Das südwestliche Eckzimmer im Mansardgeschoss nutzte Schiller als Arbeitszimmer. In dieser Atmosphäre schrieb er die Dramen *Die Braut von Messina* und *Wilhelm Tell*. Bevor die Familie hier einzog, hatte sie etwas mehr als zwei Jahre in einer Wohnung in der heutigen *Windischenstraße 8* gewohnt. Friedrich Schiller und Charlotte von Lengefeld hatten sich 1787 in Rudolstadt kennengelernt, wurden im Februar 1790 getraut und zogen im Dezember 1799 gemeinsam nach Weimar.

Doch schon Jahre vorher hatte es den jungen Historiker und Dichter von Württemberg an die Universität Jena und nach Weimar gezogen. Mit 23 Jahren befand sich Schiller (1782) auf der Flucht. Wie viele Intellektuelle seiner Zeit erhoffte er sich bessere Chancen in Thüringen, wo ein junger Herzog unter dem Einfluss seines Ministers Goethe in Weimar und der Universitätsstadt Jena seit einigen Jahren Wissenschaft und Literatur förderten.

Als Schiller im Juli 1787 erstmals eine Wohnung in Weimar in der Frauentorstraße 21 mietete, hielt sich Goethe gerade in Italien auf. Nach Goethes Rückkehr blieb das Verhältnis der beiden noch lange ambivalent, aber Schiller warb klug um den Älteren, den er schließlich mit seinem bekannten *Geburtstagsbrief* im August 1794 für sich gewann. Seit diesem Zeitpunkt rechnet Goethe „*eine Epoche*", in der sie „*miteinander fortwandern müßten*", eine Epoche freilich, die nur zehn Jahre dauerte, weil Schiller mit 45 Jahren starb. Er hinterließ seiner Witwe vier kleine Kinder; Karl, Ernst, Caroline und Emilie waren 1793, 1796, 1799 und 1804 geboren. Doch die Familie des bekannten Autors war – auch durch die Unterstützung des Herzogs – finanziell abgesichert. Trotz seiner langen Krankheit war Schiller in seinen letzten Lebensjahren in Weimar außerordentlich produktiv und publizierte neben Übersetzungen und Zeitschriftenartikeln vier erfolgreiche Dramen, von denen drei in Weimar uraufgeführt wurden.

Blick vom Gesellschaftszimmer in Schillers Arbeitszimmer mit Schreibtisch. Uhr, Kerze, Tintenglas und Feder, die symbolisch auf dem Fragment seines letzten, unvollendeten Dramas *Demetrius* liegt, erinnern in dieser bedachtsamen musealen Inszenierung daran, dass Schiller in diesem Raum am 9. Mai 1805 starb.

Jakobskirchhof

Es ist ein stiller, melancholischer Ruhepunkt in der vielbesuchten Klassikerstadt, ein Ort des Gedenkens, an dem alte Bäume und Parkbänke im Sommer zum Nachdenken einladen. Der Jakobskirchhof im Schatten der Jakobskirche ist Weimars ältester Begräbnisplatz; er entstand mit dem Bau einer ersten Kirche nach 1168 und war zwischen 1530 und 1818 der alleinige Friedhof für die Bürger Weimars. Nachdem er 1818 wegen Belegung geschossen wurde, gerieten die meisten Gräber in Vergessenheit, verfielen und wurden eingeebnet. Auch in diesem Falle war es die Großherzogin Maria Pawlowna (S. 112, 120), die durch finanzielle Unterstützung dafür sorgte, die Gräber bedeutender Persönlichkeiten aufzufinden und zu pflegen. Seitdem ist der Jakobskirchhof ein Ort des Gedenkens.

Entlang der südlichen Kirchenmauer reihen sich die Gräber von Cranach, Löber, Kraus, Jagemann, Bode, Musäus und anderen. Das größte Grab mit einer mächtigen Renaissancegrabplatte gehört zu Lucas Cranach d. Ä. (1472–1553). Das Epitaph zeigt den Maler und Bürgermeister von Wittenberg, der nach seiner Berufung zum Hofmaler am Marktplatz in Weimar wohnte, in der Kleidung eines wohlhabenden Bürgers. Wie auf seinen Gemälden, so ist auch auf dieser Grabplatte sein Wappen mit der geflügelten Schlange dargestellt. Dieses Epitaph ist eine Kopie, das Original befindet sich seit 1859 in der Stadtkirche St. Peter und Paul (S. 98), für die Cranach das große Altarbild schuf. Im Schloss werden weitere Ölgemälde dieses neben Albrecht Dürer bedeutendsten deutschen Malers der Renaissance ausgestellt. Cranach betrieb in Wittenberg mit seinem Sohn eine erfolgreiche Werkstatt, wo Auftragsarbeiten und auch die Illustrationen für die protestantischen Bibelausgaben seines Freundes Martin Luther entstanden. Das Cranach-Grab ist mit neun mal sechs Metern so groß, dass dort zwischen 1651 und 1843 weitere 35 Persönlichkeiten, darunter Maler wie Kraus und Jagemann, bestattet wurden.

Grabsteine erinnern an Lebenswerke. Entlang der südlichen Kirchenmauer liegen die Ruhestätten einiger bekannter Persönlichkeiten. Am Kircheneingang ruht der Übersetzer, Verleger und Komponist Johann J. Bode (1730–1793). Der mit einem Engel mit Füllhorn verzierte Obelisk ist der höchste Grabstein dieses Friedhofs. Seine Inschrift lautet: *„Rastlos und muthig beförderte er Wahrheit, Aufklärung und Menschenwohl."*

Johann Carl August Musäus (1735–1787) wurde als Märchenschriftsteller bekannt und ist einer der wenigen, die gemeinsam mit Frau und Sohn bestattet wurden. Musäus war oft, wie Bode, Gast an Anna Amalias *Tafelrunde*. Der sandsteinerne Grabstein von Musäus greift mit dem giebelförmigem Abschluss und dem Medaillon die Formen klassizistischer Architektur auf. In einer Nische steht die Urne. Die Inschrift auf der Sandsteinpyramide erinnert an den Grafen Carl Wilhelm von Schmettau (1742–1806), der hier nach der Schlacht bei Auerstedt seinen Verletzungen erlag.

Ein Eisenkreuz mit Strahlenkranz und ein Eisengitter kennzeichnen das Grab Nicolo Yasnowsky (1778–1837), Beichtvater von Maria Pawlowna.

In der Altstadt von Weimar gibt es zwei Kirchen, die Stadtkirche St. Peter und Paul, die durch Herders langjähriges Wirken bekannt wurde (S. 98), und im Norden davon die Jakobskirche. Das heute bestehende Gebäude überrascht mit seinem schmalen, hohen Innenraum, der von einer dreigeschossigen Empore bestimmt wird. Die jetzige Kirche entstand 1712/13 im Auftrag von Herzog Wilhelm Ernst, der die bis dahin bestehende alte Kirche abbrechen und durch einen Neubau ersetzen ließ. Der Herzog ließ sie von Johann Mützel (1647–1717) in strengen Barockformen entwerfen. Dieser im Dienste des Herzogs stehende Baumeister hatte kurz zuvor (1709) das später *Goethehaus* genannte Barockgebäude *Am Frauenplan* und 1702 bis 1704 bereits das *Gelbe Schloss* gebaut. Seine Entwürfe zeichnen sich dadurch aus, dass er die damals beliebte barocke Üppigkeit mied und klare Formen vorzog. Mützel leitete zunächst die Bauarbeiten an der Jakobskirche, die später unter der Leitung seines neuen Kollegen Christian II Richter (1665–1722) zu Ende geführt wurden. Richter trat 1713 als herzoglicher Baumeister seinen Dienst an und gilt deshalb als zweiter am Bau der Jakobskirche beteiligter Baumeister.

Eine Generation später, ab 1728, wurde die Jakobskirche als Garnisonskirche genutzt, und nach dem Schlossbrand 1774 diente sie ersatzweise als Hofkirche. Nach der furchtbaren Schlacht bei Jena und Auerstedt wurde die Kirche 1806 als Lazarett genutzt. Einige Jahre später war eine gründliche Restaurierung des Innenraumes nötig, die dann unter der Leitung von Karl Friedrich Christian Steiner und Clemens Wenzeslaus Coudray 1817 stattfand. Der heutige, klare und helle Innenraum geht auf diese beiden klassizistischen Architekten zurück.

An diesem Ort stand schon sehr lange eine dem heiligen Jakob geweihte, kleinere Kirche. Die Jakobsvorstadt, die sich im Norden Weimars entwickelte, gilt als das älteste Siedlungsgebiet der späteren Stadt. Archäologische Ausgrabungen am benachbarten *Rollplatz* ergaben, dass dieses Viertel spätestens seit dem 6./7. Jahrhundert besiedelt war. Eine Jakobskirche wurde deshalb noch vor der Stadtgründung in der dörflichen Siedlung gebaut. Durch zwei Inschriftensteine ist ein Weihedatum für das Jahr 1168 überliefert. Einer der beiden Steine ist erhalten und wurde 1713 beim Neubau der heutigen Jakobskirche in der Südwestecke eingemauert. Er gilt als das älteste Schriftdenkmal Weimars. Im Zuge der Reformation wurde 1535 die Pfarrstelle eingezogen und die Kirche als Kornhaus benutzt. Danach wurde das Gebäude bis 1579 wieder hergestellt und als Friedhofskirche neu eingeweiht, weil zwischenzeitlich, im Jahr 1530, der städtische Friedhof von der Stadtkirche St. Peter und Paul an die Jakobskirche verlegt wurde. Auf diese Weise blieb der Kirchhof fast 300 Jahre lang der einzige christliche Begräbnisplatz der kleinen Residenzstadt. Nach der Neugründung des Historischen Friedhofs im Jahr 1818 (S. 120) wurde hier nur noch in Ausnahmefällen beerdigt, und 1840 fand schließlich die letzte Beerdigung auf dem Jakobskirchhof statt.

Die *Holy Bible* und eine Palette mit Pinseln erinnern im Inneren der Jakobskirche an den englischen Maler Charles Gore (1729–1807).

In der Jakobskirche ging es nicht immer so friedvoll zu wie heute. 1806 herrschte Krieg, und nach der verlorenen Schlacht bei Jena-Auerstedt gegen die Truppen Napoleons war die Kirche überfüllt mit verwundeten Soldaten. Allein im Oktober 1806 wurden mindestens 34 Männer auf dem Jakobskirchhof begraben. In dieser Situation beschloss Johann Wolfgang Goethe sehr kurzfristig, seine langjährige Lebensgefährtin und Mutter seiner fünf Kinder zu heiraten, nachdem sich Christiane durch ihr mutiges Verhalten gegenüber den französischen Soldaten als würdig erwiesen hatte, nun Goethes offizielle Ehefrau zu werden. Christiane hatte sich den Siegern entgegengestellt, als sie in die Wohnhäuser in Weimar stürmten und sie plünderten.

Der 56-jährige Minister und seine Frau wurden am 19. Oktober 1806 von Traupfarrer Oberkonsistorialrat Günther mit einer kurzen Zeremonie, wie im Kirchenbuch eingetragen *„in der Stille“*, in der Sakristei getraut, während in der Kirche gestorben wurde.

Bei ihrer Trauung waren außerdem als Trauzeuge der 16-jährige Sohn August – seine Geschwister waren kurz nach der Geburt gestorben – und dessen Hauslehrer Friedrich Wilhelm Riemer anwesend. Seit diesem Tag war Christiane zumindest juristisch anerkannt, auch wenn viele Mitglieder der gehobenen Weimarer Gesellschaft die um 16 Jahre jüngere Ehefrau des Staatsministers weiterhin schnitten. Etliche Male hatte Christiane in der 18 Jahre währenden Hausgemeinschaft Existenzängste ausgestanden, wenn sie den krank daniederliegenden Goethe pflegte, wohl wissend, dass sie als unverheiratete Mutter finanziell und sozial vor dem Ruin stehen würde. Goethe war Jurist und kannte als Minister die Situation von allein erziehenden Frauen. Er hatte seinen *„Bettschatz“*, wie seine Mutter Christiane freundlich und durchaus wohlwollend nannte, in keiner Weise abgesichert. Nur den gemeinsamen Sohn hatte er kurz vor dessen Konfirmation legitimieren lassen. Christiane starb zehn Jahre

Während die Kirche 1806 als Lazarett genutzt wurde, ließen sich Johann Wolfgang und Christiane in der Sakristei trauen. Christiane von Goethe liegt hier allein in einem von Efeu umrankten Grab.

nach der Eheschließung mit 51 Jahren nach einer schweren, schmerzhaften Krankheit allein in ihrem Zimmer am Frauenplan. Goethe konnte ihren verzweifelten Zustand nicht ertragen. Er war weder dabei, als seine Frau am 8. Juni 1816 um vier Uhr früh in einem Reihengrab beerdigt wurde, noch bei der Trauerfeier am gleichen Nachmittag. Ähnlich wie bei Schiller, der im *Kassengewölbe* auf dem Kirchhof beigesetzt wurde, erinnerte sich später niemand mehr an die genaue Stelle. Erst nach dem Tod ihres letzten Enkels versuchte man im Rahmen der Goetheverehrung 1888, Christianes Leichnam zu identifizieren. Danach erst wurde die bronzene Grabplatte angefertigt, die den berühmten Reim Goethes trägt:

Du versuchst, o Sonne, vergebens / Durch die düstren Wolken zu scheinen! / Der ganze Gewinn meines Lebens / Ist ihren Verlust zu beweinen. Das nach 1888 gestaltete *Grab Christianes* ist heute das wohl meistbesuchte Grab des Jakobskirchhofs.

Als letzte Beerdigung, bei der Goethe anwesend war, gilt die seines alten Freundes und Zeichenlehrers Georg Melchior Kraus (1733–1806), der wie er aus Frankfurt am Main kam und zehn Jahre vor Christiane hier feierlich beigesetzt wurde. Die Erinnerung an Kraus lebt in vielen Portraits weiter, die er von bekannten Persönlichkeiten schuf. Außerdem entwarf er Tapeten, Theaterkostüme und Kleidung. Kraus wurde bekannt als erster Direktor des Freien Zeicheninstituts und war viele Jahre eng mit Bertuchs Familie befreundet. Als Soldaten die Stadt nach der Schlacht bei Jena-Auerstedt 1806 plünderten, wurde auch der 73-jährige Malereiprofessor misshandelt, weil er nicht zusehen konnte, wie seine Räume zerstört wurden. Man brachte den Schwerverletzten ins Haus von Bertuch, wo er zwei Wochen von dessen Frau Carolina und dem Sohn Carl gepflegt wurde. Dennoch starb Kraus an den Folgen des Überfalls. Er erhielt gleichsam einen Ehrenplatz zwischen Cranach und Bode (S. 92).

Die Büste von Friedrich Schiller im rekonstruierten *Kassengewölbe*, dem Ort, an dem er am 12. Mai 1805 beigesetzt wurde, bevor sein Leichnam später in die *Fürstengruft* (S. 120) gebracht wurde.

Die kannelierte Säule mit der Inschrift *Der Bürger Treue* schuf der Hofbildhauer Martin Gottlieb Klauer (1742–1801), der auch in der Nähe bestattet ist. Anna Amalia hatte Klauer 1774 beauftragt, für Johann Franz August Zimmermann eine Grabsäule zu schaffen.

Der Geselle aus Ilmenau war als freiwilliger Feuerwehrmann bei dem Schlossbrand (S. 40) ums Leben gekommen. Die Herzogin richtete für ihn, über den man sonst wenig weiß, die Beerdigung aus.

Johann Gottfried Herder

Touristisch mag es derzeit um Herder stiller geworden sein als um Goethe. Aber das Haus, in dem die Familie Herder 27 Jahre lang wohnte, gibt es noch, wenn auch die Räume schon lange nicht mehr original erhalten sind. Herders Wohnhaus wird heute von der evangelischen Kirche genutzt. Öffentlich zugänglich ist hingegen Herders zauberhafter großer Garten hinter dem Haus, den die kinderreiche Familie so liebte. Damals gingen bei Herders oft Gäste ein und aus; dazu zählen Sophie von Schardt, Charlotte von Stein, Charlotte von Kalb, Wieland, Goethe, Knebel, August von Einsiedel, Jean Paul, Heinrich Meyer oder Karl und Friedrich von Dalberg.

Im Kontrast zu der Bekanntheit von Goethes Wohnhaus täuscht die heutige Stille am Herderplatz darüber hinweg, dass Herder (1744–1803) zu Lebzeiten ein berühmter Mann war, der mit seinen Werken grundsätzliche Diskussionen an den Universitäten auslöste. Die Ideen dieses Theologen, Philosophen und Schriftstellers bestimmten die Vorstellungen von der Welt. Herder hatte bei Kant studiert, war von Rousseau begeistert und beeinflusste die Humboldts. Außerdem behauptete er etwas Ungeheuerliches, das die Gemüter erregte: Die Sprache sei dem Menschen nicht von Gott gegeben, so Herder in seiner *Abhandlung über den Ursprung der Sprache* 1772, sondern kraft des Verstandes aktiv erworben. Und: Ohne Sprache keine Vernunft.

Herder und Goethe kannten sich seit 1770. Sie hatten sich in einem Gasthaus in Straßburg kennengelernt und Herder wurde gleichsam Goethes Mentor. Er erschloss dem fünf Jahre jüngeren Studenten die Volkspoesie ebenso wie Homer, Ossian und Shakespeare. Der junge Goethe und Herder gelten als die Protagonisten der literarischen Bewegung des *Sturm und Drang*, und Herder stand der *Romantik* später näher als *der Klassik*, wenngleich er durch Maria Pawlownas Dichterzimmer im Schloss dem klassischen Vierergespann eingeordnet wurde. Nachdem Knebel und Wieland Goethe nach Weimar gezogen hatten, bewirkte Goethe 1776 Herders Berufung nach Weimar. Doch seit den 1790er Jahren wuchs die Spannung zwischen den beiden, nicht zuletzt wegen Herders positiver Einstellung zur Französischen Revolution.

Herder bekleidete das Amt des Stadtpfarrers und des Hofpredigers. Mehr noch, er hatte als Generalsuperintendent das höchste geistliche Amt in Sachsen-Weimar-Eisenach inne. Der Ort, der heute an sein Wirken erinnert, ist der seit 1850 nach ihm benannte *Herderplatz* mit dem *Herderdenkmal* vor der Stadtkirche St. Peter und Paul, in der er auch beigesetzt wurde. Gleich hinter der Kirche wohnte er, keine Minute vom Gymnasium entfernt, vor dem seit 1832 Coudrays *Herderbrunnen* steht. Das Bauten-Ensemble aus Schule, Kirche und Wohnhaus mit Garten symbolisiert gleichsam Herders Aufgaben: Als leidenschaftlicher Pädagoge stand der den herzoglichen Schulen vor, er predigte in der Kirche und schrieb in seinem Arbeitszimmer im ersten Obergeschoss seine Bücher. Am 18. Dezember 1803 starb Herder in seinem Haus, hochgeehrt und als langjähriger Vertrauter der Herzogin Anna Amalia.

Herders Wohnhaus am Herderplatz. Am 1. Oktober 1776 zog die Familie des zum Generalsuperintendenten berufenen Theologen in dieses Renaissancehaus ein.

Herder lebte hier bis zu seinem Tod am 18. Dezember 1803. Hier schrieb er unter anderem *Die Stimme der Völker in Liedern*, *Eine große Weltübersicht*, *Ideen zur Philosophie der Geschichte der Menschheit*, seine *Christlichen Schriften* und *Der Eid*.

Durch das Sitznischenportal gelangt man in einen stimmungsvollen Hof und von dort in Herders Garten.

Während Schiller und Goethe sich nicht besonders für öffentliche Schulen interessierten und ihre Kinder von privaten Hauslehrern unterrichten ließen – Kinder wohlhabender Bürger besuchten das Gymnasium allenfalls in den letzten Jahren vor dem Abgang in die Universität – empfand es Herder als wichtige Aufgaben, die öffentlichen Schulen zu verbessern. Das Gymnasium, dem er vorstand, diente zugleich als Bürgerschule, als Landlehrer-Seminar und als Vorbereitungsanstalt für die Akademie. Oft quälte er sich mit schlechten Lehrern, gewann aber auch Persönlichkeiten, die als Leiter und Lehrer der Schule bekannt und beliebt wurden. Dazu zählen Heinze, Musäus, Böttiger, Riemer, Voß, Passow oder Schulze. Musäus (S. 92) war im Übrigen der Onkel von August Kotzebue, der in dieser Schule unter anderem von ihm unterrichtet wurde.

Herder war ein scharfsinniger evangelischer Theologe, der fest im Leben stand und realistisch sah, dass sich die meisten Menschen seiner täglichen Umgebung nicht mehr in engen, konfessionell gebundenen Zusammenhängen bewegten: Einflussreiche Weimarer Bürger wie Wieland, Goethe, Schiller und der Herzog Carl August waren keine eifrigen Kirchgänger. Gleichwohl war für sie Religion in einem erweiterten, pantheistischen Sinne wichtig. Sie schufen Orte der Naturverehrung, des Gedenkens und der Besinnung, wie sie im Ilmpark erhalten sind. Goethe ging von göttlichen Kräften aus, die die Welt erschaffen hatten und denen alles Leben seine Existenz verdankt. Aber an die Stelle der christlichen Gebote und des Wortlauts der Bibel setzten die

Klassiker, sofern man es so vereinfachen kann, eine Philosophie, die Freiheit und Menschlichkeit forderte. Der Theologe Herder, gottgläubig, menschenfreundlich und tolerant, praktizierte und predigte in dieser Zeit in einem protestantischen Fürstentum eine Art Humanitätsreligion, die er so großzügig und alltagsnah formulierte, dass er damit Menschen ansprach, die *seine* Kirche sonst selten besuchten.

Die Stadtkirche beherrscht den ältesten Marktplatz Weimars und einstigen Hauptplatz der Stadt. Bis zur Aufstellung des Herderdenkmals 1850 hieß der Platz *Töpfenmarkt*. Auch wenn Herder derzeit weniger im öffentlichen Bewusstsein Weimars eine Rolle spielen mag, war damals die Aufstellung seines bronzenen Denkmals folgenreich für die späteren Denkmäler: Es war das erste *Dichterdenkmal* in Weimar und legte damit – nach langjährigen Diskussionen – die Größe und den Darstellungstypus für die folgenden Dichterdenkmäler in Weimar fest. Die überlebensgroße Bronzefigur trägt nicht etwa, wie für das Goethe- und Schillerdenkmal lange diskutiert und durch den Stifter der Bronze, König Ludwig I. von Bayern strikt abgelehnt, ein antikisierendes Gewand, sondern über der zeitgenössischen Kleidung einen Mantel, der Herders Status als Prediger oder Laie offen lässt. In seiner Linken hält er Textblätter mit seinem Lebensmotto *Licht, Liebe, Leben*, das bereits auf seiner Grabplatte stand. Das Herderdenkmal wurde in München entworfen, gegossen und an seinem 106. Geburtstag, dem 25. August 1850, hier vor der Stadtkirche feierlich enthüllt.

Das Herderdenkmal vor der Stadtkirche ist das erste der Weimarer Dichterdenkmäler. Es wurde 1848 von dem Münchner Bildhauer Ludwig Schaller entworfen und von Ferdinand Miller 1850 in München gegossen.

Die evangelische Stadtkirche St. Peter und Paul, eine dreischiffige Hallenkirche mit gotischem Chor, wird von ihrem mächtigen verschieferten Dach und dem spitzen Turmhelm geprägt. Die Kirche war im Zweiten Weltkrieg durch Bomben schwer getroffen und danach mit großen Anstrengungen wieder aufgebaut worden. Doch die Schäden am Mauerwerk hatten in den 1990er Jahren stark zugenommen.

Daher mussten die ausgewaschenen Mauern und Stützpfeiler repariert, und die verwitterten Sandsteine der Fenster- und Türgewände teilweise ergänzt werden. Möglich wurde die letzte Sanierung bis zum Jahr 2000 mit der Hilfe vieler Bürger. Nicht zuletzt dank gezielter Spenden für die Kirche konnte auch die Deutsche Stiftung Denkmalschutz 1999 und 2000 die Sanierung der Fassade mit 490 000 DM (245 000 Euro) unterstützen.

Vater und Sohn Cranach schufen den 1555 im Chor aufgestellten dreiflügeligen Altar. Er gilt als eines der Hauptwerke der sächsisch-thüringischen Kunst nach der Reformationszeit.

Die seit Mitte des 13. Jahrhunderts bestehende spätgotische Stadtkirche St. Peter und Paul wurde mehrfach umgebaut. Sie gehörte bis 1513 zum Deutschritterorden und wurde 1525 evangelisch-lutherisch. Der heutige Innenraum wird im Wesentlichen von den letzten, den barocken Baumaßnahmen zwischen 1726 und 1745 unter dem Landbaumeister Johann Adolf Richter geprägt, der die dreischiffige Hallenkirche mit dem gotischen Chor umbaute, um einen typischen protestantischen Predigtraum zu schaffen. Dabei entfernte Richter unter anderem das gotische Gewölbe, ummantelte die Pfeiler und baute Emporen ein.

Im Februar 1945 zerstörten Sprengbomben das Dach, die Gewölbe und den Innenraum. Der ab 1948 begonnene und bis 1953 abgeschlossene Wiederaufbau wurde damals von vielen staatlichen, städtischen, privaten und kirchlichen Stellen unterstützt, unter anderem durch Thomas Mann, der 1949 das Geld stiftete, das er mit dem Goethe-Nationalpreis erhalten sollte.

In den Jahren 1974 bis 1976 wurde zwar der Innenraum restauriert, doch nach bald einem halben Jahrhundert nach den schweren Kriegsschäden war die Kirche durch Feuchtigkeit in ihrem Bestand gefährdet und wurde in den 1990er Jahren durchgreifend saniert. Auch die Deutsche Stiftung Denkmalschutz beteiligte sich 1999 bis 2000 an der Fassadensanierung, der Restaurierung des Natursteins und dem Verputz mit einer neuen Farbfassung in Grautönen.

Die Stadtkirche St. Peter und Paul diente länger als hundert Jahre als herzogliche Grablege, zwischen 1554 und 1658, und dann nach dem Schlossbrand 1774 bis 1807. Deshalb finden sich im Chor kunstvolle Grabplatten aus Bronze und Stein und sechs Epitaphe aus Alabaster und Marmor von Angehörigen der fürstlichen Familie. Außerdem wurde der originale Grabstein des 1553 verstorbenen Malers Lucas Cranach d. Ä. 1859 vom Jakobskirchhof (S. 92) in den Chor der Stadtkirche gebracht.

Herders Grab in der Stadtkirche. Die gusseiserne Grabplatte mit seinem Lebensmotto *Licht Liebe Leben* entstand in der Königlich Preußischen Eisengießerei Berlin.

Eine gemalte Predigt:
Auf dem von Lucas Cranach
d. Ä. 1552 begonnenen
und nach dessen Tod von
seinem Sohn 1553 vollen-
deten Altar sind unterhalb
der Kreuzigung neben
Johannes dem Täufer
der Maler Cranach d. Ä.
und Martin Luther zu
sehen, der auf die Bibel
weist.

Kirms-Krackow-Haus

Das Haus mit dem zungenbrecherischen Namen der damaligen Besitzer ist eines der ältesten Häuser der Stadt. Es gibt ein Beispiel dafür, wie Bürgerfamilien über Generationen *das klassische Weimar* bewahrten.

Das Haupthaus wurde um 1520 auf den Kellergewölben eines älteren Vorgängerbaus errichtet. Die besondere Schönheit dieses Anwesens in der Jakobstraße 10 erschließt sich – ähnlich wie beim Herderhaus – jedoch nur dem mutigen Besucher, der sich durch den Innenhof hindurch in den öffentlich zugänglichen Garten hineinzugehen traut. Dieser Garten wurde nach 1750 zwischen dem Haus und der ehemaligen Stadtmauer angelegt; der Gartenpavillon nutzt den Höhenunterschied der Mauer. Bis ins 19. Jahrhundert war der Garten, den zuletzt die Schwestern Charlotte und Sophie Krackow pflegten, stadtbekannt. Ihre Gäste erhielten oft einen Strauß Gartenblumen zum Abschied. Vor wenigen Jahren wurde der Garten nach den Befunden rekonstruiert und wie damals bepflanzt.

Das Anwesen nehmen derzeit leider nicht viele Weimarbesucher wahr. Sie versäumen ein stattliches Renaissancehaus, das die begüterte Bürgerfamilie des herzoglichen Amtsschreibers und späteren Kammerkommissars Johann Joachim Kirms im Geschmack des Barock aufstocken und umgestalten ließ. Die Beamtenfamilie Kirms lebte hier über mehrere Generationen. Zu Zeiten des klassischen Weimar wohnten hier die Brüder Karl und Franz Kirms. Der ältere, Karl, war Sekretär der Geheimen Kanzlei von Carl August, während Franz als Hofkammerrat unter anderem für die Verwaltung und Finanzgeschäfte des Hoftheaters verantwortlich war, das Goethe leitete.

Franz Kirms heiratete 1823 Karoline Krackow, die viele Jahre für die Großherzogin Maria Pawlowna und deren Töchter arbeitete. Eine kleine Ausstellung im Erdgeschoss des Kirms-Krackow-Hauses zeigt rührende Handarbeiten und Stoffproben, die Karoline Krackow von der großherzoglichen Kinderkleidung sammelte. An Gegenständen wie diesen wird der enge räumliche und persönliche Bezug zwischen dem Herrscherhaus und den Hausangestellten deutlich.

Durch die Nähe zum Weimarer Hof und das gesellige Leben der Familie Kirms-Krackow gingen in der Jakobstraße 10 viele Freunde und Nachbarn, Künstler, Schriftsteller und Theaterleute wie Eckermann, Herder, Humboldt, Iffland, die Jagemanns, Knebel, Kotzebue, Schiller, Zacharias Werner und viele andere ein und aus. Später wohnte dort der dänische Märchendichter Hans Christian Andersen. Als Franz Kirms 1826 starb, fühlte sich seine Witwe Karoline Krackow

Das Kirms-Krackow-Haus in der Jakobstraße mit seinem jüngst rekonstruierten und wieder bezaubernden Garten.

verpflichtet, die Erinnerung an ihn zu bewahren und im Haus nichts zu verändern. Die gleiche Haltung zeigten nach ihrem Tod ihre beiden Nichten Charlotte und Sophie Krackow, so dass der seltene Glücksfall eintrat, dass über mehrere Generationen die bürgerliche Ausstattung des Hauses bewahrt wurde. Charlotte legte schließlich 1889 ihre *Erinnerungen* schriftlich nieder. Nach Charlottes Tod 1915 kaufte die Stadt Weimar

1916 das Haus und öffnete es im Jahr darauf als Museum. Durch die museale Nutzung wurde verhindert, dass spätere Mieter das wertvolle Zeitzeugnis umbauten oder gar die originale Inneneinrichtung mit Öfen, Musikinstrumenten, Gläsern, Küchengeräten, Büchern und Bildern verkauft würde. Das Kirms-Krackow-Haus befindet sich heute in der Obhut der Klassik Stiftung Weimar.

Einer der stadtbekannten Nachbarn in der Jakobstraße war auch bis 1804 der Lehrer Karl August Böttiger (1760–1835), der 1791 auf Betreiben von Herder (S. 98) zum Direktor des Gymnasiums ernannt wurde und den Goethe in späteren Jahren nicht zuletzt wegen dessen Hang zum unseriösen Klatsch mit erstaunlicher Heftigkeit hasste, während er sich – ebenso wie Schiller – in jüngeren Jahren gern an den gefälligen Lehrer gewandt hatte, weil dieser äußerst bewandert in der antiken Mythologie war. Böttiger pflegte enge Beziehungen zu den Familien Herder und Kirms, und vor allem zu Wieland und Bertuch, deren Publikationen er jahrelang redigierte. 1835 veröffentlichte er sein Buch *Literarische Zustände und Zeitgenossen*, das sich wegen seines anekdotenreichen Einblicks in die Weimarer Verhältnisse um 1800 großer Beliebtheit erfreute.

Innenräume und Garten des Kirms-Krackow-Hauses. Das Anwesen gehört zusammen mit den benachbarten Wohnhäusern der Familien Herder, Jagemann, Musäus, Vulpius und dem Lutherhof mit dem Waisenhaus zu den wichtigsten Erinnerungsstätten an die Kultur und Lebensweise in Weimar.

Friedrich Justin Bertuch

Wenn man einen benennen sollte, dann gebührt ihm diese Ehre: Er ist der erfolgreichste *Manager* im klassischen Weimar, ein mindestens so umtriebiges *Universalgenie* wie Goethe. Friedrich Justin Bertuch (1747–1822) errichtete sein Imperium mit hohen moralischen Ansprüchen. Er förderte die Wirtschaft ebenso wie Kunst und Literatur. Ihn brauchten sie alle, die Dichter, Denker und der Herzog. Als Geldgeber und Schatullverwalter, Verleger, Werbefachmann, Visionär und herzoglichen Parkkünstler. Literarisch und kaufmännisch gleichermaßen begabt, schuf sich Bertuch sein Leben lang neue Arbeitsgebiete, entwickelte unkonventionelle Ideen und baute eines der bedeutendsten Familienunternehmen in Deutschland auf. Während die einen zu Anna Amalias Tafelrunde geladen waren, organisierte Bertuch den Druck und Vertrieb von Büchern und Zeitschriften in hohen Auflagen, wie etwa das erste Modemagazin in Deutschland, das *Journal des Luxus und der Moden*. Zu seinem Verlagsprogramm gehörten illustrierte Kinder- und Schulbücher, geografische Literatur, Globen und Atlanten.

Begonnen hatte er 1773 als Redakteur bei Wieland und wurde später Miteigentümer des *Teutschen Merkur*. Als er 1775 Cervantes' *Don Quixote* ins Deutsche übersetzte, konnte er sich ein eigenes Haus leisten und heiraten. „*Ohnstreitig in ganz Weimar das schönste Haus*" nannte Schiller sein später klassizistisch erweitertes Haus im Brief an Körner vom 18./19. August 1787. Bertuchs Garten war ein Vorbild für den Ilmpark, dessen Oberaufsicht ihm der Herzog

zehn Jahre lang übertrug. Später quittierte Bertuch aus Zeitgründen seinen Dienst als Schatullenverwalter des Herzogs.

Bertuchs 1791 gegründetes *Industrie-Comptoir* (ab 1802 *Landes-Industrie-Comptoir*) war mit zeitweise 450 Beschäftigten das einzige Unternehmen in Weimar. Ein Auszug aus dem Angebot der Produkte zeigt eine Vielfalt wie später in Versandhäusern: Optische und physikalische Instrumente, Öfen und Fliesen, keramische Haushaltwaren, Gläser, Stoffe, Lederwaren, Schokolade, Wein und Champagner, künstlerische und handwerkliche Gegenstände des täglichen Lebens, Kunstwerke aus Gips und Ton, Abgüsse antiker Skulpturen, Büsten seiner bekannten Zeitgenossen wie Carl August, Wieland, Goethe – und Bertuch selber.

Aufsehen erregte Bertuchs Kunstblumen-Fabrick: Unter der Leitung seiner Frau Elisabetha Carolina Friderica Bertuch und ihrer Schwester Johanna Augusta Slevoigt waren dort ausschließlich Frauen tätig. Sie fertigten künstlerisch hochwertige Blumen aus feinsten, duftigen Stoffen, die bis dahin teuer aus Paris eingeführt wurden. Diese Werkstatt bot unverheirateten Frauen des mittleren und höheren Standes – so etwa Christiane Vulpius – eine Möglichkeit, mit kunsthandwerklicher Arbeit Geld zu verdienen. Als der Hof- und Stadtvikar Christoph Friedrich Rinck aus Karlsruhe die Werkstatt besichtigte, formulierte er angesichts von mehr als 20 selbstbewussten Frauen „*Gott sei den Männern gnädig, die mit ihnen gestraft werden sollen!*"

Mehr als 90 Meter lang ist die Fassade des Bertuchhauses entlang der Karl-Liebknecht-Straße 5–9. Aus Geldmangel wurde das dort 1953 eingerichtete Stadtmuseum 2003 geschlossen.

Seitdem sind entscheidende Kapitel von Weimars Geschichte weggesperrt. Das klassizistische Verlags- und Unternehmerhaus mit seiner vormals berühmten Parkanlage (ab 1778) ist der letzte Rest eines Anwesens mit vielen Werkstätten.

An deren Stelle dehnt sich heute der Weimarhallenpark mit dem Congresszentrum aus. Bertuch wurde in seinem Garten beigesetzt.

Justus Erich Walbaum

Weimars Bekanntheit verdankt sich der klassischen Literatur; es waren die Bücher, die Weimar weltberühmt machten. Um aber aus handschriftlichen Texten Bücher zu drucken und zu verkaufen, bedarf es einer umfangreichen Logistik, die auf risikobereite Kaufleute und Verleger wie Göschen oder Bertuch angewiesen ist. Als in Weimar im 18. Jahrhundert Autoren ansässig wurden, folgten Lumpensammler, Papierhersteller, Schriftsetzer, Drucker, Verleger, Buchhändler und verwandte Berufe. Im Unterschied zu den Autoren bleiben deren Vertreter oft namenlos, und während Immobilien wie Dichterhäuser an einen Ort gebunden sind, können Bücher als Mobilien des Geistes über die ganze Welt verbreitet werden.

Einer von denjenigen, die entscheidend dazu beitrugen, dass die klassische Literatur Schwarz auf Weiß gedruckt wurde, ist der erfolgreiche Schriftgießer Justus Erich Walbaum (1768 – 1837), der aus Steinlah bei Goslar kam und in Weimar erfolgreich wurde.

Sein Betrieb stand nicht zufällig gegenüber von Bertuchs *Industrie-Comptoir* in der heutigen Karl-Liebknecht-Straße 4 (S. 108). Keine Gedenktafel erinnert an Walbaum. Stattdessen ein Billigladen im Erdgeschoss des spätklassizistischen Gebäudes. An den berühmten Stempel- und Schriftschneider erinnert aber ein Fassadendetail: Ein gusseiserner Balkon, der von zwei geflügelten Greifen, dem Sinnbild der Buchdrucker, geschmückt wird. Walbaums Sohn, Ernst Erich Walbaum, hatte das Wohnhaus ab 1833, noch zu Lebzeiten seines Vaters, errichten lassen. Greifen mit Ballen waren verbreitete Symbole für das Handwerk der Schwarzen Kunst, das im späten 18. und 19. Jahrhundert in Weimar blühte. Man kann Greifen mit dem Druckerspruch *Gott grüss' die Kunst!* beispielsweise auch an der Fassade der *Druckerei Wagner* finden, die unweit von hier, am Rollplatz, ansässig war.

Es war Bertuch, der Walbaum 1803 von Goslar nach Weimar holte und ihm zu beruflichem Erfolg verhalf.

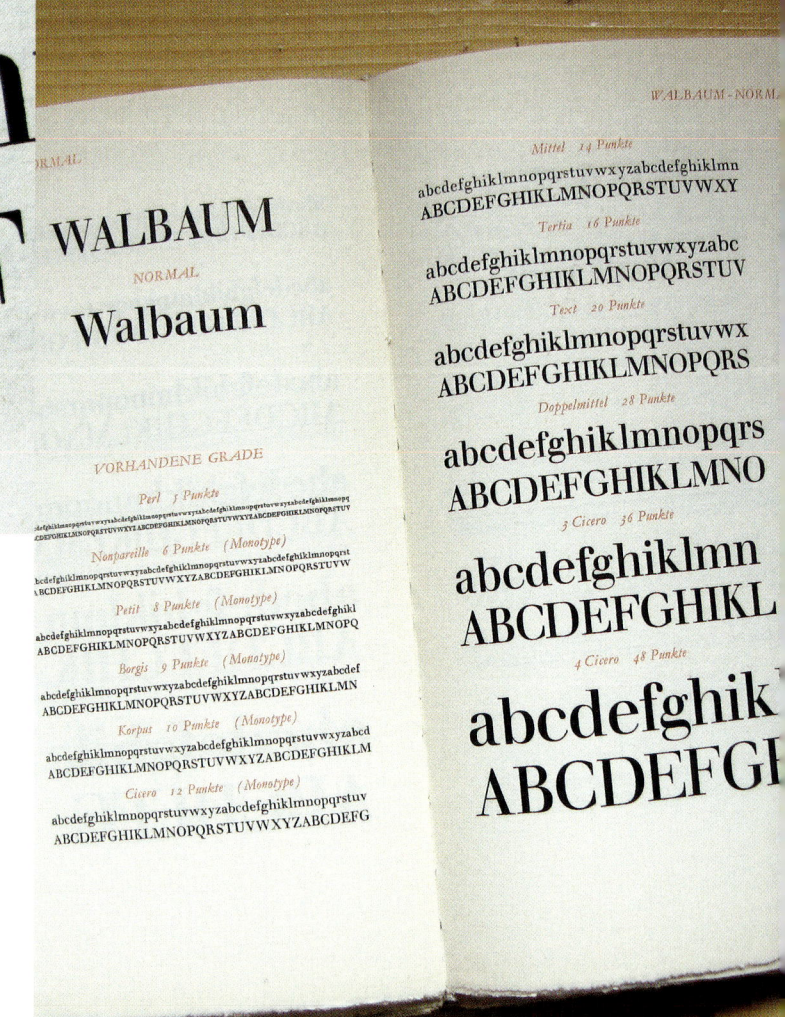

Walbaums Sohn ließ 1833/34 das Haus mit dem Balkon bauen, der von geflügelten Greifen, Sinnbild der Buchdrucker, geschmückt wird. Die nach Walbaum benannte Antiqua-Schrift gehört zu den weit verbreiteten klassizistischen Schriften. In einer Antiqua von Prillwitz wurde beispielsweise Wielands erfolgreiche Gesamtausgabe gedruckt.

Natürlich nicht uneigennützig: Denn Bertuch hatte für seine Druckerei kurz vorher bei Carl Ludwig Prillwitz in Jena eine große Menge Schriften bestellt, darunter Kopien der neuesten französischen Antiqualettern von Didot. Die Schriften von Pierre und Firmin Didot galten damals als das Beste, was es gab, und wurden häufig nachgeschnitten. Auch Prillwitz hatte dafür bereits Mitarbeiter eingestellt und Blei gekauft. Als Bertuch plötzlich seine große Bestellung widerrief, nachdem er Walbaum zwischenzeitlich zur Umsiedlung von Goslar nach Weimar bewegen konnte, erlitt Prillwitz 1804 einen erheblichen wirtschaftlichen Schaden.

Walbaums neue, eigene Schrift war aber viel interessanter, denn seine Lettern waren keine der üblichen Kopien der Didotschrift, sondern eine Neuschöpfung mit eigener Charakteristik. Schon bald belieferte Walbaum nicht nur seinen Geschäftspartner Bertuch, sondern machte sich mit seinen ausgewogenen Schriftschnitten weit über Weimar hinaus einen Namen.

Durch seinen Erfolg konnte er bei Bertuch schnell den Kredit für sein Haus abbezahlen.

Während die Romantiker die Fraktur bevorzugten, ließen die Autoren der Aufklärung und des Humanismus ihre Bücher lieber in Antiquaschriften setzen, in jenen heute geläufigen lateinischen Buchstaben. Goethe blieb konservativ. Er bevorzugte die *deutsche* Schrift, und das war damals die Fraktur. Goethes Mutter beispielsweise trat 1794 vom Kauf von Wielands Gesamtausgabe zurück, als sie erschrocken feststellte, dass die Bücher in „*der neuen Mode*", in Antiqua, gedruckt waren. Ihrem Sohn Goethe riet sie: „*Bleibe deutsch auch in den Buchstaben.*"

Schriftschneider wie Walbaum sind präzise Handwerker, die eine Mikroarchitektur entwerfen. Sie sorgen dafür, dass Buchstaben auch in winzigen Schriftgraden noch lesbar sind. Die Erinnerung an Walbaum lebt zwar nicht in Weimars Stadtbild, aber in hunderttausenden Büchern auf der ganzen Welt weiter.

Großherzogin Maria Pawlowna und die Dichterzimmer

Die Verheiratung von Carl Augusts Sohn und Amtsnachfolger Carl Friedrich mit der Zarentochter Maria Pawlowna brachte 1804 nicht nur eine legendäre Mitgift, Geld und politische Vorteile, sondern kulturell jene *zweite Blütezeit*, die in der Regionalgeschichte gern *Silbernes Zeitalter* genannt wird. Mit Maria Pawlowna verbindet man die *Dichterzimmer* für die nunmehr zu den *vier Großen* gebündelten Autoren der *Weimarer Klassik*, Wieland, Goethe, Schiller und Herder. Die Großherzogin gab die Gedächtnisräume im Westflügel erst nach dem Tod ihres Schwiegervaters in Auftrag. 1840 waren sie fertiggestellt.

Die Dichterzimmer sind etwas ganz Spezielles. Geistesgeschichtlich passen sie zwar in jene Epoche, in der sich die kleinen protestantischen Herzogtümer in eine möglichst weit zurückreichende Geschichte einzureihen suchten. Etwas Ähnliches verwirklichte Maria Pawlownas Sohn Carl Alexander später bei der Restaurierung der Wartburg. Dort feierte sich der Großherzog als ‚Vollender‘ des Mittelalters, das im Geiste der Romantik als *große Zeit* stilisiert wurde. Dazu ließ er repräsentative Räume von hervorragenden Historienmalern wie Moritz von Schwind *zu Ehren* von Minnesänger wie Walter von der Vogelweide ausmalen. In Weimar schuf das Herzoghaus Sachsen-Weimar-Eisenach die *Dichtergalerie*, auf der Wartburg die *Elisabethengalerie*. Indem sie Gedenkorte einrichteten, legten sie fest, wer Verehrung verdienen sollte.

Doch die Dichter waren noch nicht lange tot, waren gleichsam Zeitgenossen der Elterngeneration. Durch die Dichterzimmer wurden sie nun in einen imaginären Stand von Dichter*fürsten* erhoben. Der Gast durchschreitet die heiligen Hallen wie einen antiken Tempel mit Vorhalle und erreicht das Allerheiligste durch schwere Flügeltüren aus Bronze. Statt Götterbildern nun Dichterbüsten in säkularisierten Reliquienräumen. Nicht zufällig entwirft gerade Schinkel das architektonische Gesamtkonzept. Die Gestaltung der Details übernehmen verschiedene, hoch angesehene Künstler. Literatur wurde zur Vorlage für Malerei.

Maria Pawlowna wurde als junge und als ältere Frau portraitiert. Johann Friedrich August Tischbein schuf 1805 das Staatsportrait in Lebensgröße. Dieses Kniestück zeigt Maria Pawlowna in traditioneller Inszenierung, ausgestattet mit dem kaiserlichen Hermelinmantel, Brillantdiadem und Ordensstern.

In Bertuchs *Journal des Luxus und der Moden*, Jg. 1805, Bd. 20, Heft 4, Seite 207 f. heißt es dazu: „In dem geistreichen Zauber der Gesichtszüge, in der holden Grazie, die sich in der ganzen Figur mit hoher Würde vereint, kurz in der äußerst getreuen Darstellung des edlen Originals, erkennt der beglückte Bürger von Weimar sogleich seine angebetete Maria Pawlowna."

Das Gemälde rechts zeigt ihren Bruder Alexander, den späteren Zaren, dem sie sich sehr eng verbunden fühlte. Ihr Vater, Zar Paul I., war 1801 ermordet worden.

Das Gesellschaftszimmer gehört zu den Räumen, die Gentz für Maria Pawlowna durchgestaltete. Tieck schuf dafür Reliefs. 1801 wurden zwölf Wandbilder gekauft, die der römische Maler und Verleger Michelangelo Maestri um 1795 auf Kupfer gemalt hatte. Die größeren Bilder sind künstlerisch interpretierte Kopien nach antiken Wandmalereien.

Das Erinnern funktioniert nicht allein, sondern bedarf der Gegenstände und Orte, die vermitteln, dass es in der Vergangenheit etwas Wichtiges gab. Die Dichterzimmer der Großherzogin Maria Pawlowna machten die Autoren der Weimarer Klassik gleichsam zur Chefsache. Wenige Jahre danach werden, angefangen vom Herderdenkmal 1850, im Weimarer Stadtbild Denkmäler aufgestellt, historische Vereine gegründet und die Wohnhäuser der Dichter als Museen geöffnet.

Die pathetische Historienmalerei des 19. Jahrhunderts mit ihren großen Gesten wurde lange abgewertet, weil sie als wenig originär galt. Heute kann sie mit großem zeitlichen Abstand wieder mit weniger Vorurteilen gewürdigt werden. Die Dichterzimmer kombinieren in hochwertiger, kunstfertiger Ausführung antike Herrschaftsformeln, Ornamente und wertvolles Material. Wo es möglich ist, werden sogar römische Originale – wie Reliquien in Sakralbauten – als Garanten für die Authentizität der Geschichte eingebaut.

Die Marmorbüsten der Dichter verweisen auf antike Vorbilder. Der Kopf von Friedrich Schiller wird gar wie ein römisches Kaiserportrait mit einem vergoldeten Lorbeerkranz geschmückt. Wer kann da noch behaupten, Schiller sei unbedeutend gewesen?

Auf einen Raum im pompejanischen Stil folgt das Schillerzimmer. Für die Ausmalung verpflichtet die Großherzogin 1836 bis 1839 den Maler Bernhard Neher und seinen bekannten Lehrer Peter Cornelius. Die beiden Historienmaler gestalten das Zimmer mit Szenen aus Schillers Dramen, so etwa die Szene aus *Wallenstein* (links an der Wand neben der Schiller-Büste) und *Die Braut von Messina* (rechts).

Während sich Adelshäuser früher mit Ahnenbildnissen und ruhmreichen Siegen aus der eigenen Genealogie verewigten, identifiziert sich das Herzoghaus Sachsen-Weimar und Eisenach mit der Literatur der bürgerlichen Dichter, die sie eine Generation zuvor gefördert hatten – durchaus kein unsympathischer Zug.

Heutzutage gehören die vier Dichterzimmer zum Schlossmuseum; eingerichtet wurden sie aber als öffentlich zugängliche, festliche Gedenkräume, als dauerhafte Feier der Dichter. Bei festlichen Anlässen wie Denkmalenthüllungen lag für die Besucher seit 1841 ein prachtvoll gebundenes Besucherbuch bereit, in dem man sich *verewigen* konnte. Von Anfang an war mit den Dichterzimmern der Anspruch eines nationalen Wallfahrtsorts verbunden. So wie Gläubige aller Religionen zu Wallfahrtsstätten pilgern, ging es auch bei diesen heiligen Hallen darum, da gewesen zu sein.

Der größte Saal ist Goethe gewidmet. Er entstand keine zehn Jahre nach dessen Tod und bildet den Auftakt und den inhaltlichen Mittelpunkt der Raumfolge. Bei keinem anderen Dichterzimmer wurde ein vergleichbarer inhaltlicher, materieller und gestalterischer Aufwand getrieben. So wurde etwa über der Tür in Richtung Schillerzimmer ein römisches Sarkophag-relief eingesetzt, das die *Iphigenie bei den Taurern* von Euripides zeigt.

Karl Friedrich Schinkel hatte das Bauprogramm für die Dichterzimmer festgelegt, während alle Fresken für die Goethegalerie von Bernhard Neher entworfen wurden. In einem Vertrag vom 10. Dezember 1839 wurde genau festgelegt, welche Arbeiten Neher und welche seine Schüler und Mitarbeiter auszuführen hatten. Die rein ornamentalen Arbeiten etwa übernahm Carl Hütter. Zuvor hatte Hütter gemeinsam mit Friedrich Preller eigens für diesen Auftrag in München die antike Technik der Enkaustik erlernt.

Als Nehers Entwurfskartons 1840 in einer Kunstausstellung der Freien Zeichenschule gezeigt wurden, fanden sie in Weimar große Anerkennung. Doch schon kurze Zeit später kam die naturalistische Freiluftmalerei in Mode; die Dichterzimmer erschienen der offiziellen Kunstkritik bald nicht mehr zeitgemäß.

Die Größe der Räume und die Kostbarkeit der Ausstattung verweisen eindeutig darauf, wer von den vieren am meisten verehrt wird. Wieland und Herder erhalten kleine Kabinette. Das Wielandzimmer wurde 1835 bis 1839 von Friedrich Preller d. Ä. mit Szenen aus dessen Werken wie *Oberon* und *Pervonte* ausgemalt wurde. Für die Hauptwand des Wielandzimmers malte Preller das Gemälde *Ankunft der Liebenden am Hafen von Askalon.* Die Wielandbüste ist eine Replik, die

Theodor Wagner von der Wielandbüste von Johann Gottfried Schadow anfertigte.

Bei seiner Ausmalung des Herderzimmers mit einem Bilderfries trat das Problem auf, dass man bei Herder nicht auf literarische Szenen und Gestalten zurückgreifen konnte. Deshalb schuf der Maler Gustav Jäger Motive, die sich thematisch auf Herders religiöse und ethische Auffassung beziehen. Das Herderzimmer wird seit 2005 restauriert.

Medaillon an der Tür zum Wielandzimmer. Die Bronzetüren schuf Angelica Facius nach einem Entwurf von Bernhard Neher.

Fürstengruft und Neuer Friedhof

Wenn man vom klassischen Weimar sagen will *Hier waren sie alle*, so kann man von Weimars Historischem Friedhof sagen, *Hier ruhen sie alle*. Fast alle. Denn Gräber wie das der Familie Goethe erzählen von zerrissenen Familien, und die Fürstengruft, die in Goethe- und Schiller-Gruft umbenannt wurde, spiegelt die Geschichte eines Bedeutungswandels der nachklassischen Rezeptionsgeschichte in Weimar.

Der Historische Friedhof ist der neue Friedhof, der 1818 vor dem *Frauentor* angelegt wurde, nachdem der älteste Begräbnisplatz der Stadt, der Jakobskirchhof mit dem *Kassengewölbe,* geschlossen wurde. Der Historische Friedhof ist heute ein Park mit den Gräbern und kunstvoll gestalteten Grabsteinen vieler bekannter Persönlichkeiten des klassischen und nachklassischen Weimar.

Herzog Carl August liebte das Leben und die Kunst, er feierte gern und zeigte sich großzügig, wenn es darum ging, Philosophen und Schriftsteller wie Wieland oder Schiller in der Stadt zu halten. Doch bei allem Sinn für Kunst und Wissenschaft schätzte er in der Architektur die formale Klarheit. Nachdem bei dem Schlossbrand 1774 auch die Familiengrablege in der Schlosskirche zerstört wurde, lautete der Auftrag an Clemens Wenzeslaus Coudray, eine neue *Fürstengruft* ganz ohne fürstlichen Pomp auf dem neuen Friedhof zu bauen.

Ein Auftrag ganz im Geiste des Weimarer Klassizismus. Coudray schuf 1822 bis 1827 ein klares Gebäude auf quadratischem Grundriss, dem ein Portikus mit vier dorischen Säulen vorgelagert ist. Eine achteckige Laterne bekrönt den Baukörper. Vierzig Särge von fürstlichen Familienangehörigen wurden 1824 aus der ehemaligen Schlosskirche in die neue Fürstengruft überführt. Das Schwierige war, dass Carl August als Auftraggeber des Familiengrabes ausdrücklich wünschte, bei seinem Tode neben seinen Dichterfreunden Goethe und Schiller begraben zu werden. Goethe lebte noch. Er unterstützte den Plan, wenngleich Schiller seit 1805 im *Kassengewölbe* beigesetzt war. So begann 1826 Schillers posthume Wanderung:

Nachdem Schiller am 9. Mai 1805 zuhause gestorben war, wurde sein Leichnam zunächst obduziert und zwei Tage später, wie damals üblich, Nachts (vom 11. auf den 12. Mai), in einer Gruft beigesetzt, die für Personen höheren Standes ohne eigenes Erbbegräbnis vorgesehen war. Ein würdiger Ort war diese *Kassengewölbe* genannte Gruft auf dem Jakobskirchhof.

Doch Schiller war längst ein berühmter Mann, und zwanzig Jahre nach seinem Tode verlangte der großherzogliche Kult – im protestantischen Fürstentum – nach Reliquien. So ließ der Bürgermeister Carl Leberecht Schwabe Schillers sterbliche Überreste 1826 exhumieren – rücksichtsvollerweise erst nach dem Tod von Schillers Ehefrau Charlotte. Während Schillers Schädel im Sockel der Schillerbüste des Bildhauers Dannecker nach einem kleinen Umweg über Goethes Schreibtisch seine vorläufig letzte Ruhe im Rokokosaal der *Herzogin Anna Amalia Bibliothek* fand, wurden Schillers gesamte Gebeine am 16. Dezember 1827 in einem feierlichen Akt in der Fürstengruft beigesetzt. Ein Jahr später (1828) starb der Großherzog. Ihm folgte vier Jahre danach auch Goethe, dessen sterbliche Überreste am 26. März 1832 ebenfalls hier beigesetzt wurden. So wurde aus der Fürstengruft die Dichterfürstengruft.

Die meisten Besucher interessieren sich nicht für das Gebäude der Fürstengruft, das eines der bedeutenden klassizistischen Werke von Coudray ist und vor wenigen Jahren mit großem Aufwand saniert wurde. Sie wollen *die Särge* sehen. Nicht die 40 Särge des Fürstenhauses Sachsen-Weimar-Eisenach, von denen einige noch restauriert werden, sondern die Särge derer, die man besser kennt als die Fürsten: Die des Doppelwesens *Goetheschiller*. Fast täglich kommen Menschen, um vor den beiden neuen Eichensärgen mit den schlichten Aufschriften *Goethe* und *Schiller* frische Blumen niederzulegen. Vor den alten Särgen der Herzöge liegen keine Zeichen der Verehrung.

Die Fürstengruft gehört neben dem Goethehaus und dem Goethe-Schiller-Denkmal auf dem Theaterplatz zu den Kultorten in Weimar. Deshalb gilt: Blumenlegen erlaubt, fotografieren verboten.

Ein Mitglied des Fürstenhauses wurde jedoch nicht neben den Fürsten und Dichterfürsten beigesetzt, sondern erhielt eine eigene und ungewöhnliche Grabkapelle auf dem Historischen Friedhof. Nicht viele Besucher der Fürstengruft gehen ein paar Schritte weiter in eine Kirche mit fünf goldgeschmückten Zwiebelkuppeln, deren altrussische Architektur einzigartig in Weimar ist. Sie wurde 1860 bis 1862 an der Südseite der Fürstengruft von dem Baumeister Carl Heinrich Ferdinand Streichhan erbaut. In dieser Russisch-orthodoxen Kapelle wurde die 1859 verstorbene Großherzogin Maria Pawlowna beigesetzt, die Schwiegertochter des Großherzogs Carl August und die Schwester des russischen Zaren. Ihr verdankt Weimar unter anderem die Dichterzimmer im Schloss, die sie erst nach dem Tod ihres Schwiegervaters Carl August plante.

Die Russisch-orthodoxe Kapelle wird heute wieder für Gottesdienste genutzt. Sie wurde 1976 bis 1980 mit Unterstützung des Moskauer Patriarchats aufwendig restauriert. Mit dieser Grablege für die Kulturförderin Maria Pawlowna schließt sich die Rezeptionsgeschichte *der Weimarer Klassik* von der Fürstengruft über die Dichterzimmer bis hin zu einer orthodoxen Kirche.

Großherzogin Maria Pawlowna wurde an einem eigenen Ort beigesetzt: Für sie wurde die russisch-orthodoxe Kapelle hinter der Fürstengruft gebaut.

Die Särge von Goethe und
Schiller in der Fürstengruft.

Die Ruhestätte der Familie Goethe ist in mancherlei Hinsicht ein trauriger Ort. Denn jedes Familienmitglied in der kurzen Reihe von Goethes Nachkommen litt auf seine Weise unter der Last des berühmten Namens. Während der Sarg des Dichters in der Fürstengruft aufgestellt wurde, starb August, das einzige von vier Kinder von Johann Wolfgang Goethe und Christiane Vulpius, das die ersten Lebenswochen überlebte, zwei Jahre vor dem Vater, auf einer Romreise mit Eckermann. August (1789–1830) wurde nur 40 Jahre und litt unter seinem berühmten und anspruchsvollen Vater. Nicht einmal auf seinem Grabstein an der Cestius-Pyramide steht sein Name August von Goethe, sondern nur *Goethes Sohn*. Augusts Frau Ottilie, geborene von Pogwisch, war ähnlich unglücklich mit ihrem Leben, und lebte, nach einem verschwenderischen Leben verarmt, in einer Mansardwohnung des Goethehauses. 1872 wurde sie in diesem Grab beigesetzt. Außerdem liegen hier Ottilies Mutter und die drei Kinder aus der Ehe von Ottilie und August: Alma, Wolfgang Maximilian und Walther Wolfgang von Goethe. Neben ihnen ruht die langjährige Bedienstete der Familie, Wilhelmine Bachstein, genannt Minna, die seit 1809 zur Familie zählte. Alma starb mit 17 Jahren in Wien an Typhus. Ihre Brüder scheiterten mit literarischen Ambitionen und wurden nie glücklich. Ihr Verdienst besteht darin, das Goethehaus samt seiner Sammlungen geschlossen zu bewahren und dem Staat zu übertragen.

Im Familiengrab der Familie von Goethe ruhen Goethes Schwiegertochter Ottilie, ihre Mutter und ihre drei Kinder. Die schlafende Gestalt aus Marmor verkörpert Goethes junge Enkelin Alma. Goethes Sarg wurde in der Fürstengruft aufgestellt, seine Frau Christiane wurde auf dem Jakobskirchhof beigesetzt.

In der Nähe des Goethegrabes ruht Charlotte von Stein. Das Marmorrelief schuf Adolf von Donndorf.

Goethe- und Schiller-Archiv

Es ist das Gedächtnis der Stadt: das Goethe- und Schiller-Archiv. Sein großherzoglicher Bauherr Carl Alexander ist der Enkel von Carl August. Carl Alexander und seine Frau, Großherzogin Sophie, wussten um die politische Aussage des Archivs. Sie legten den Bauplatz mit Bedacht fest: Ähnlich wie sich das Staatsarchiv auf dem Palatin über dem Forum Romanum erhebt, thront das Goethe- und Schiller-Archiv auf einer Anhöhe am Ufer der Ilm, als wolle es auf die banalen Alltäglichkeiten, die Dächer und auf die Kirchtürme hinabblicken. Die kräftige steinerne Brüstung lässt an eine antike Rostra denken; wie von einer Rednertribüne ‚sprechen‘ gleichsam die 109 Nachlässe, die das Archiv neben anderen Beständen bewahrt, zur Gegenwart hinab. Auch der Vergleich mit einem Schloss ist nicht falsch, denn es handelt sich um Staatsarchitektur mit allen Merkmalen der Repräsentation. Als bauliches Vorbild diente das *Petit Trianon* im Park von Versailles. Hier wie dort bestimmt ein dreiachsiger Mittelrisalit mit kolossalen korinthischen Säulen die ilmseitige Fassade.

Selbstredend kommt für ein Archiv der klassischen Literatur im ausgehenden 19. Jahrhundert nichts anderes als eine neoklassizistische Formensprache infrage. Der Weimarer Architekt Otto Minckert errichtete das bedeutungsschwere Gebäude zwischen 1893 und 1896 für den Nachlass von Goethe und Schiller. Der Name Goethe- und Schiller-Archiv fasst das Motiv für den Bau gleichsam zusammen, aber das Archiv wurde bald um viele weitere Schätze bereichert. Mit den Nachlässen von Arnim, Bertuch, Büchner, Falk, Hebbel, Heine, Herder, Liszt, Mörike, Nietzsche, Reuter und anderen entwickelte es sich zum größten deutschen Literaturarchiv.

Maria Pawlownas Sohn Carl Alexander hatte verstanden, dass es *das klassische Weimar* war, das den Ruf seiner politisch nach wie vor unbedeutenden Residenzstadt begründete. Während seiner langen Regierungszeit (1853–1901) förderte er die Kultur und die Erinnerungskultur an das klassische Weimar ebenso wie seine Mutter, so dass man in dieser Aufbereitung und Musealisierung der Klassik von einer *zweiten Blütezeit Weimars* sprach. Jener Enkel von Carl August sorgte gemeinsam mit Goethes letztem Enkel dafür, dass die *große Vergangenheit* der gemeinsamen Großväter im öffentlichen Gedächtnis bewahrt bleibt.

Seine Generation reflektiert im späten 19. Jahrhundert über das klassische Weimar der Großväter und setzt deren Werte in Bezug zur eigenen, als unübersichtlich wahrgenommenen Zeit. Die Eisenbahn hatte die Kutschen abgelöst, Dampfmaschine und Dynamo hatten die industrielle Produktion gesteigert, aus Ackerbürgern waren Kulturbürger geworden, Berlin hatte sich zur Großstadt entwickelt. Nur das Herzogtum Sachsen-Weimar-Eisenach hatte von der Industrialisierung wenig profitiert. Carl Alexander reagiert darauf, indem er Orte des Gedächtnisses einrichtet. Er gründet Museen und Archive in seiner Residenzstadt: das Goethe- und Schiller-Archiv, das Großherzogliche Museum (das spätere Landesmuseum), die Schillerstiftung, die Goethe-, und die Shakespeare-Gesellschaft.

Wie ein Schloss erhebt sich das Goethe- und Schiller-Archiv seit 1896 auf einer Anhöhe am rechten Ilmufer oberhalb der Stadt.

Mit dem Tod des letzten Goethe-Enkels Walther Wolfgang von Goethe am 15. April 1885 ging durch dessen testamentarische Verfügung der Nachlass

Goethes in das Eigentum der Großherzogin Sophie von Sachsen-Weimar-Eisenach über. Dies gab den Anlass für den Archivbau.

Als Ludwig und Alexander von Gleichen-Rußwurm, die letzten Nachkommen Schillers, dem Archiv 1889

alles schenkten, was sie von Schiller besaßen, war damit der Grundstock für das *Goethe- und Schiller-Archiv* gelegt.

Goethe- und Schiller-Denkmal vor dem Nationaltheater

Der Dresdner Bildhauer Ernst Rietschel (1804–1861) bekam 1852 den Auftrag für die Doppelstatuen von Goethe und Schiller. Am 4. September 1857 wurde das Denkmal vor dem Hoftheater eingeweiht, und Rietschel wurde noch am selben Tag Ehrenbürger der Stadt. Er hatte nicht nur ein Denkmal geschaffen: Er hatte der Klassikerstadt ein Wahrzeichen geschenkt. Das Doppelwesen Goetheschiller ist seitdem bildlich festgelegt, nachdem Großherzog Carl August den beiden posthum mit der *Fürstengruft* (S. 120) eine gemeinsame Grabstätte gewidmet und Großherzogin Maria Pawlowna sie in der *Dichtergalerie* (S. 112) im Schloss geadelt hatte.

Denn eines fehlte Weimar: Es gibt bis heute kein plakatives Architekturmotiv, das die *Klassikerstadt insgesamt* zusammenfasst, keine markante Stadtsilhouette, keinen Großbau – allenfalls der Schlossturm gilt als ein Wahrzeichen, aber nicht für die Zeit der Klassik. Was das Gewebe der *Klassikerstadt* zusammenhält, ist immateriell. Erst entstanden Literatur, Kunst und Theater, und dadurch erst wurde die Stadt berühmt. Die Gebäude und Gärten wurden rückwirkend durch die Autoren zu Bedeutungsträgern, sie erhielten erst als *Schauplätze* Bedeutung, seltener als besondere Architektur. Insofern kann das Wahrzeichen von Weimar kein Gebäude sein, sondern allenfalls ein Buch, doch Bücher sind Mobilien des Geistes und taugen nicht als Stadtsymbol. Rietschel formte *das* Symbol für die Klassikerstadt: das Goethe- und Schiller-Denkmal. Ein Glück für die Stadtwerbung – aber ein Problem für differenziertere Sichtweisen auf Weimar.

Das Deutsche Nationaltheater wurde an der Stelle des alten Hoftheaters gleichsam als Kulisse für das Dichterdenkmal entworfen. Seit dem 6. Februar 1919 tagte hier die Nationalversammlung, das erste demokratisch gewählte Parlament der ersten deutschen Republik, die nach diesem Ort *Weimarer Republik* genannt wurde.

Nimm Du ihn! – Ach nein, er gebührt Dir, scheinen die beiden Autoren in feierlicher Selbstandacht einander sagen zu wollen. Rietschel schuf 1857 das *Goethe- und Schiller-Denkmal*, das die beiden heroisch verklärt. Es steht vor dem *Deutschen Nationaltheater Weimar*, in dem 1919 die erste demokratische Verfassung beschlossen wurde.

Franz Liszt

Wieder sind sich der Herzog und der Künstler einig: Diesmal sind es nicht Carl August und Goethe, sondern deren Enkelgeneration, Großherzog Carl Alexander und der Klaviervirtuose Franz Liszt (1811–1886). In einem Brief an Liszt formuliert der Großherzog 1856 seinen politischen Anspruch, der nicht mehr wie der seines Großvaters auf Sachsen-Weimar-Eisenach beschränkt ist, sondern jetzt ganz im Geiste einer neuen, konservativen Nationaltradition steht: *„Die Pflichten Weimars gegen Deutschland sind bekannt. Sie sind die natürlichen und unausbleiblichen Folgen seiner Vergangenheit, der Vergangenheit Weimars. Diese Vergangenheit muß die Gegenwart gebieten, um die Zukunft vorzubereiten.“*

Das in diesen und vielen anderen Äußerungen heraufbeschworene, glorifizierte *Goldene Zeitalter* der Weimarer Klassik ist längst vorüber, doch das Fürstenhaus sieht seine Identität weiterhin bei den bürgerlichen Dichtern. Und wie zu Anna Amalias Zeit hatte wieder eine politisch und kulturell ehrgeizige Mutter eines Großherzogs die Grundlagen gelegt: Maria Pawlowna gab dem – sehr jungen und damit zerbrechlichen – Mythos mit den *Dichterzimmern* (S. 112) einen herzoglich autorisierten Gedenkort ließ ihren Sohn ganz im Sinne des ideologischen Anspruchs auf die Fortsetzung einer *Tradition* erziehen, die soeben erst konstruiert wurde. Der Großherzog hatte das große Glück, fast ein halbes Jahrhundert regieren und damit seine Kulturpolitik durchsetzen zu können, von 1853 bis 1901. Dadurch ist ihm genug Zeit beschieden, die von seiner Mutter forcierte *Zweite Blütezeit Weimars* mit Inhalten zu füllen.

Hinzu kommt eine Leidenschaft: Er liebt Musik. Ein Glücksgriff gelingt dem Großherzoghaus, als es mit Franz Liszt 1842 seit langer Zeit einen Musiker, Dirigenten und Komponisten nach Weimar verpflichten kann, der mit 31 Jahren damals ein Star in Europa geworden war.

Zwischen 1869 und 1886 wohnte Franz Liszt in den Sommern in der Hofgärtnerei am Rande des Ilmparks, wo ihm Großherzog Carl Alexander eine Wohnung zur Verfügung stellte.

Liszt pendelte als freischaffender Komponist und Pianist zwischen Weimar, Budapest und Rom. Bereits ein Jahr nach dem Tod des berühmten Klaviervirtuosen wurde das Haus in Weimar als Liszt-Museum eröffnet.

Den prächtigen Flügel hat die Klavierbaufirma Bechstein bald nach der Eröffnung des Liszt-Museums gestiftet.

Die Konzerte des wohl berühmtesten Klaviervirtuosen der Geschichte sind längst gesellschaftliche Ereignisse, als er am 2. November 1842 zum *Kapellmeister in außerordentlichen Diensten* ernannt wird. Ab 1848 übernimmt Liszt die musikalische Oberleitung der Hofkapelle und des Musiktheaters. Er wird weitgehend aus der Privatkasse von Maria Pawlowna bezahlt, denn seit der landständischen Verfassung des Jahres 1816 kann der regierende Großherzog nicht mehr im Alleingang den Kulturetat erhöhen.

Als Liszt 1842 an den Hof berufen wird, begreift er sich keineswegs ausschließlich als Musiker, sondern fühlt sich dem Erbe der Weimarer Klassik ebenso verbunden wie sein Auftraggeber. Gemeinsam mit Hoffmann von Fallersleben ist er maßgeblich an der Gründung des Neu-Weimar-Vereins beteiligt und errichtet 1849 die *Goethe-Stiftung*. Deshalb kann das Weimarer Kunstfest heute mit Recht auf ihn als Vordenker verweisen. Liszt vertont mehrere Lieder von Goethe und

Schiller und komponiert 1857 die *Faust-Sinfonie*. Er zieht Musiker und Komponisten in die Stadt und macht Weimar bald zu einem Zentrum der Musik. In dieser Zeit entwickelt er die neue musikalische Gattung der sinfonischen Dichtungen und gibt mehrere Uraufführungen eigener und fremder Kompositionen, so etwa am 28. August 1850 Richard Wagners *Lohengrin*.

Zu dieser Zeit kommen nicht nur Musikbegeisterte, sondern auch Literaten nach Weimar, so etwa Hans Christian Andersen, Bettina von Arnim, Gustav Freytag und Friedrich Hebbel. Aus der von Bertuch 1776 gegründeten *Freien Zeichenschule* und der 1860 gegründeten *Großherzoglichen Kunstschule* gehen bekannte Künstler hervor, wie Christian Rohlfs, Max Liebermann und Max Beckmann. Als prominente Lehrer unterrichteten dort Persönlichkeiten wie Graf Kalckreuth, Theodor Hagen, Franz von Lenbach, Arnold Böcklin oder Reinhold Begas. Eine *Blütezeit* wird der

Kunstschule mit der so genannten *Weimarer Maler-schule* im späten 19. Jahrhundert bescheinigt.

Was sich rückblickend in der Summe als musikalische, literarische und künstlerische Blütezeit darstellt, stellte sich für Liszt keineswegs harmonisch dar. Denn Weimar war nach wie vor keine Weltstadt wie Budapest oder Rom, und bei allem Sinn für die Klassik stößt Liszt mit seinen eigenen, künstlerisch neuen Ansprüchen in der Musik und beim Theater auf Widerstand, während die Weimarer Gesellschaft auch sein Privatleben missbilligend kommentiert. Denn Liszt führt mit seiner Lebensgefährtin Fürstin Carolyne Sayn-Wittgenstein ein weltoffenes Haus in Weimar, das sich zu einem europaweit ausstrahlenden Musikzentrum mit vielen berühmten Gästen entwickelt. Liszts Motto klingt salopp, aber es fordert damals den Gegensatz zwischen ihm und den Traditionalisten heraus: *„Wir freuen uns am Alten, doch Neues zu gestalten, treibt mächtig uns der Geist."* Obwohl er sich mit dem Großherzog nie überwirft, verlässt Liszt 1861 enttäuscht von der *„alltäglichen spießbürgerlichen Existenz"* Weimar. Doch seit 1869 nimmt er das Angebot des Großherzogs an, bei seinem *dreigeteilten Leben* zwischen Rom, Budapest und Weimar die Sommer in dem für ihn eingerichteten Hofgärtnerhaus zu verbringen. Dorthin kommt er für mehrere Monate jeweils im Sommer bis zu seinem Tod in Bayreuth 1886. In dem kleinen Haus unterrichtet er ohne Honorar viele Schüler. 1872 wurde, von Liszt unterstützt, in Weimar die erste deutsche Orchesterschule gegründet, aus der später die Musikhochschule hervorging. Diese heute im Fürstenhaus untergebrachte, international bekannte Institution trägt seit 1956 den Namen *Hochschule für Musik Franz Liszt*.

Das Liszt-Denkmal wurde nicht weit vom Hofgärtnerhaus von dem Münchner Bildhauer Hermann Hahn entworfen und 1902 als Standbild aus weißem Carraramarmor im Park an der Ilm aufgestellt.

Spürt man in den Dichterhäusern, im Schloss und im Wittumspalais den Geist und Geschmack der Zeit um 1800, so unterscheidet sich das Liszt-Haus am Ilmpark davon grundlegend.

Nicht nur, dass mit Franz Liszt ein Musiker in den Kanon der Persönlichkeiten aufgenommen wird, die das kulturelle Leben in Weimar in den vergangenen 200 Jahren prägten. Damit verbunden ist eine Wohnatmosphäre, in der nicht Dichtung und Antike, sondern Musikinstrumente und das Komponieren raumbeherrschend werden.

Der handschriftliche Nachlass zu rund 470 Werken Liszts wird seit 1954 im Goethe- und Schiller-Archiv (S. 126) aufbewahrt, seine Notendrucke und Bücher liegen in dem Forschungszentrum der Herzogin Anna Amalia Bibliothek (S. 24).

Henry van de Velde
und das Haus Hohe Pappeln

Die Generation der Weimarer Klassik träumte im Park an der Ilm von einer besseren Welt, in der Vernunft und Verstand regierten, nachdem die Menschen durch Bildung an den besten Werken der Kunst zu Selbsterkenntnis und Einsicht in die Wahrung der Schöpfungsgesetze gelangt seien. Ihre humanistischen Hoffnungen trafen auf Sympathie bei verantwortlichen Politikern wie dem weltoffenen Großherzog Carl August.

Auch der Belgier Henry van de Velde (1863–1957) begriff sich wenige Generationen später als Erzieher und Erneuerer gesellschaftlicher Werte. In seinem 94 Jahre währenden Leben sprach er oft von seiner „*Mission*", seinem Kampf für Schönheit, für soziale Gerechtigkeit, menschliche Würde und Toleranz. Im Jahr 1902 vom Großherzog nach Weimar berufen, um Handwerk und Industrie zu beleben, scheiterte van de Velde nach mehr als zwölf Jahren intensiver Aufbauarbeit in Weimar an Engstirnigkeit, den Schikanen des Großherzogs und dem beleidigenden Verhalten von Kaiser Wilhelm II. Als Wegbereiter der Moderne aber beeinflusste der Künstler Henry van de Velde rückblickend die Entwicklung des Kunstgewerbes und der Architektur des 20. Jahrhunderts, wenn auch nicht mehr von Weimar aus. Bis zum Ersten Weltkrieg je-

doch galt sein Weimarer Privathaus *Hohe Pappeln* in der Belvederer Allee 58 als ein Refugium vor dem Dünkel der spätfeudalistischen Gesellschaft und als weltoffener Salon, in dem sich namhafte Künstler trafen. Henry an de Velde baute sein Haus auf dem Lande, außerhalb der Stadt, an der Allee, die die Residenzstadt mit der Sommerresidenz im Belvedere (S. 80) verbindet. Sein Wohnhaus zählte seit der Fertigstellung 1908 zu den Kuriositäten Weimars, seine Form wurde mit einem Ozeandampfer verglichen. Es entsprach so gar nicht dem, was man sich im großherzoglichen Weimar unter einer repräsentativen Professorenvilla vorstellte.

Während seiner Weimarer Zeit als Leiter der Kunstschule (S. 144) hatte van de Velde schon Einiges gebaut und umgebaut: an öffentlichen Gebäuden das Folkwang-Museum in Hagen (bis 1902), die Kunstschule und die gegenüberliegende Kunstgewerbeschule in Weimar (ab 1904 bzw. 1905), außerdem verschiedene Privatvillen und Einrichtungen in Chemnitz, Berlin, Den Haag, Paris und Wiesbaden. Dazu gehören die Villa Esche (ab 1902) und die Villa Körner sowie das Tennisclubhaus in Chemnitz (ab 1906); in Weimar der Umbau des Nietzsche-Archivs (S. 140), die Inneneinrichtung für Harry Graf Kessler (beides ab 1903),

Das Haus Hohe Pappeln in der Belvederer Allee 58 baute Henry van de Velde 1908 für seine Familie. Haus und Garten wurden bis 1995 wieder hergestellt. Das Erdgeschoss ist öffentlich zugänglich. Der Belgier galt in seiner frühen Weimar Zeit als Exot, mit dem man sich schmückte, vergleichbar mit Goethe, als er aus Rom zurückkam und noch ganz inspiriert von der antiken Kunst manches Unbekannte in die Provinz brachte.

Auch van de Velde traf den Nerv der Zeit, wenn er sich gegen die Scheinwelten des niedergehenden Kaiserreichs aussprach, eines Scheins, der sich bis in den Oberflächen großbürgerlicher Wohnausstattungen niederschlug.

Später kommentierte er in seiner Biografie *Geschichte meines Lebens* seine Weimarer Zeit und seine oft bizarren Begegnungen mit der *„alten Welt"*, in der nicht nur die vermeintlich wertvollen Holzvertäfelungen aus Gips waren: *„Es war mir unangenehm, als ein Star, als ein Zauberer, gewissermaßen als ein Clown betrachtet zu werden."* Der Großherzog erhoffte sich von ihm künstlerische und wirtschaftliche Impulse.

die Wohnung für Baron von Münchhausen ein Jahr danach, die Wohnung für Else von Guaita-Lampe und die Fassade für das Haus Menzel (beides 1906); in Paris die luxuriöse Wohnung für das Ehepaar Golubeff (ab 1904) und in Wiesbaden die für Curt von Mutzenbecher (1906). Während sein eigenes Haus in Weimar entstand, baute er in Hagen das Haus Hohenhof für Karl Ernst Osthaus und richtete das Gutshaus von Arnold Esche in Lauterbach ein.

Bevor er sich selbst ein eigenes Haus leisten konnte, war er mit der Familie in Weimar viermal umgezogen. Lapidar erinnert sich van de Velde an sein Haus: *„Ohne mir über die Zukunft meines Schaffens Gedanken zu machen, beschloß ich nach einigen Jahren meines Aufenthaltes, mir außerhalb der Stadt ein Haus zu bauen. Ich wählte einen Platz in Ehringsdorf, auf dem sich eine Gruppe ungewöhnlich hoher, majestätischer Pappeln befand. Sie gaben dem Haus den Namen. ‚Das Haus unter den hohen Pappeln‘, so betitelte eines Tages mein Sohn Thyl unsere Wohnstätte. Seitdem wurde unser Haus unter diesem Namen bekannt. Ich habe ihn oft aus dem Mund erstaunter und auch schockierter Spaziergänger gehört, die sich über seine ungewohnte architektonische Form aufregten, während ich mich, ihnen unsichtbar, im Garten befand. Die Kutscher benannten das Haus so. Wenn sie mit Fremden auf der Besichtigungsfahrt durch Weimar zu dem Haus kamen, hielten sie oft an, weil die Straße steil ansteigt, reihten das Haus unter die Kuriositäten der Stadt ein und erzählten in lakonischen und stereotypen Sätzen einiges über mein Leben und meine Rolle in Weimar."* Im Sommer 1906 kaufte er das Grundstück in Ehringsdorf, das damals noch nicht eingemeindet war. Ein Jahr später reichte er die Baupläne ein, und sieben Monate nach Baubeginn, Ende März 1908, konnten Henry und Maria van de Velde die Villa mit ihren fünf Kindern beziehen.

Mit seinem eigenen Haus wollte der Künstler und Architekt in erster Linie ein Zuhause für sich und seine Familie schaffen, das den Wünschen seiner Frau nach mehr Natur und Freiheit für die Kinder, den praktischen Bedürfnissen der Bediensteten und dem Raumbedürfnis der Kinder entsprach. In seiner Biografie beschrieb er das Leben im Haus Hohe Pappeln folgendermaßen: *„In diesem Haus wuchsen meine fünf Kinder heran in der Unschuld und Fröhlichkeit eines sorg-*

losen Lebens ohne Krankheiten, ohne konventionellen Zwang und ohne von allzuviel Arbeiten gequält zu werden, in der Fülle ihrer Kräfte und in der freien Entwicklung ihres Wesens." Diese Leichtigkeit sollte sich tragischerweise nach zwölf arbeits- und erfolgreichen Jahren ändern: Henry van de Velde wird als Belgier mit Beginn des Ersten Weltkrieges in Weimar immer mehr schikaniert. Aus dem ‚verehrten Herrn Professor‘ wird der ‚feindliche Ausländer‘. Am 25. Juli 1914 reicht er sein Entlassungsgesuch ein. Der Arbeitsvertrag wird zwar bis zum 1. Oktober 1915 verlängert, aber *„am 15. Juli 1915 wurde die Schule geschlossen, ein Ereignis, das mich stark bewegte."*

Der Großherzog verpflichtet van de Velde, sich dreimal täglich bei der Polizei in Weimar zu melden. Mit Hilfe einflussreicher Freunde wie Wilhelm von Bode, dem Generaldirektor der Berliner Museen, gelingt es ihm, zunächst ohne seine Familie, 1917 in die Schweiz ins Exil gehen. Der Großherzog lässt in seiner Abwesenheit von Kriminalbeamten sein Haus durchsuchen und den Pass seiner Frau Maria van de Velde einziehen. Dadurch hatte die Familie bis zum Kriegsende keine Chance, Deutschland zu verlassen und lebte armselig, hungernd und frierend in dem einst weltoffenen Haus. Erst 1918 war die Familie wieder vollständig beisammen und blieb bis 1921 in der Schweiz. *„Bald nach der Kapitulation kam meine Frau mit den Kindern in Romanshorn an, (...). Aus ihren abgezehrten, harten Zügen, in den erloschenen Augen, aus den abgebrauchten Kleidern konnte man die traurigen Umstände lesen, denen sie endlich hatten entrinnen können."*

Dass sein Haus nach wechselvollen Jahrzehnten wieder in den von ihm geschaffenen Zustand versetzt ist, verdankt sich dem jahrelangen, zähen Bemühen einiger Einzelpersönlichkeiten, die um seine Bedeutung wussten, und die nach der politischen Wende mit ihrem Verein verhindern konnten, dass diese Immobilie in interessanter Lage als Spekulationsobjekt veräußert wurde. Das Besondere an diesem Künstlerhaus sind bis heute die vielen noch erhaltenen Details aus der Bauzeit. Der Künstler dachte bei diesem, seinem zweiten eigenen Haus (nach dem Haus Bloemenwerf in Uccle) im Sinne eines Gesamtkunstwerkes an alle Einzelheiten, an sämtliche Farben und Materialien der Ausstattung, an Bilder, Teppiche, Wandbespannungen und die Stoffe der Möbel. Heute prägen wieder die ursprünglichen warmen Farben Amarantrot, Moosgrün und Blau die Räumlichkeiten. Diese Farbigkeit und die Räume im Erdgeschoss wurden nach Befunden bei der aufwendigen Sanierung von 1990 bis 1995/96 wieder hergestellt. Sie wurde finanziert durch die UNESCO, das Thüringische Landesamt für Denkmalpflege, die Deutsche Stiftung Denkmalschutz und viele Privatspenden. Seitdem wird das Gebäude auf Mietbasis von der Klassik Stiftung Weimar genutzt. Während die oberen Stockwerke bewohnt werden, bietet die Beletage ein stilvolles Ambiente für Ausstellungen.

Trotz der aufwendigen Details hatte Henry van de Velde sein Haus zügig gebaut. In wenigen Monaten war die ganz auf bauliche Statussymbole, aber nicht auf hochwertige Materialien verzichtende Villa fertig. Im Erdgeschoss sehr großzügig gebaut, wirkt das Haus, im Unterschied zu anderen Villen, an keiner Stelle dem herrschaftlichen Zeichenkanon verpflichtet. Es will nicht durch Größe, durch großbürgerliche Formen wie antikisierende Säuleneingänge oder symmetrische Fassaden repräsentieren, sondern ist die gebaute Visitenkarte eines Bauherrn, der kein Detail anderen überlässt, wenn es darum geht, für seine Familie ein privates, geschütztes Refugium zu schaffen, das den persönlichen Bedürfnissen zu genügen hat.

Die Bauteile waren Einzelanfertigungen, die handwerkliches Geschick, Zeit und Geduld erforderten: angefangen von den Mauern aus Ehringsdorfer Travertin mit ungewöhnlichen Gebäudeecken und Vorsprüngen, über das tief herabgezogene Walmdach, die karmin-

roten Fliesen im Flur, die mundgeblasenen Glasscheiben der Zimmertüren, die Klinken, Fenstergriffe und die hölzernen Fensterstreben. Es gibt keinen Fensterrahmen und keine Tür, die man in Serie hätte herstellen können.

Van de Veldes Ideal war dennoch der Entwurf von industriell herstellbaren Dingen, die zugleich *vernünftig* und *schön* sein sollten. Er blieb mit diesem Anspruch in Weimar ein Einzelgänger, der auf die Aufträge wohlhabender Freunde angewiesen war. Sein Haus war jahrelang ein Treffpunkt für Künstler und Schriftsteller wie Hugo von Hofmannsthal, für wohlhabende Bürger wie das Ehepaar von Nostitz und von Herrmann, für Richard Dehmel, Ferdinand Hodler, Theo van Rysselberghe und viele andere.

Die ungewöhnliche äußere Form des Hauses ergibt sich aus der Raumentwicklung von innen nach außen; erst plante van de Velde zweckmäßige und schöne Räume, und dann erst die Fassaden – ein damals verbreitete Prinzip. Charakteristisch ist hier die ineinanderfließende Offenheit der Räume. Der großzügige repräsentative Salon und das Treppenhaus bilden gleichsam das Herzstück des Hauses. Von hier erschließen sich die anderen Bereiche: die Küche im Souterrain ebenso wie die privaten Zimmer im ersten Geschoss.

Dezent ablesbar, aber an keiner Stelle plakativ, wohnt den Details dieses Künstlerhauses das Prinzip inne, alle Formen aus der organischen, geschwungenen Linie zu entwickeln, wie sie in der Natur vorkommt. Die Linie faszinierte ihn viele Jahrzehnte theoretisch

Salon und Treppenhaus bilden eine räumliche Einheit.

und praktisch. Für ihn ist die Linie „eine Kraft, die ähnlich wie alle elementaren Kräfte tätig ist". Weiter formuliert er 1902 in *Kunstgewerbliche Laienpredigten*: „Wenn ich nun sage, daß eine Linie eine Kraft ist, behaupte ich nur etwas durchaus Tatsächliches: sie entlehnt ihre Kraft der Energie dessen, der sie gezogen hat (…). Nichts geht dabei verloren, weder von der Energie, noch von der Kraft, (…)."

Preiswerte, und dabei qualitätvolle Alltagsgegenstände waren van de Veldes Idealvorstellung. Manche seiner Hoffnungen auf eine bessere Gesellschaft waren ähnlich auch im *klassischen und klassizistischen Weimar* debattiert worden, so etwa der Überdruss an Künstlichkeit, die Forderung nach Qualität in allen Alltagsbereichen, und der Wunsch, das Praktische mit dem Schönen zu verbinden. Das humanistisch geprägte Menschenbild und den pädagogischen Anspruch hat van de Velde aber nicht nur mit den Weimarer Humanisten des 18. Jahrhunderts gemeinsam. Er selbst sieht sich ganz seinen englischen Vorbildern verpflichtet, den Reformern John Ruskin und William Morris.

Man rufe sich die von diesen ausgehenden städtebaulichen Reformen in der zweiten Hälfte des 19. Jahrhunderts in Erinnerung: Als Reaktion auf die unkontrollierte, schnelle Ausdehnung der Industriezentren ins Umland entwickelte Ebenezer Howard die Idee der *Gartenstädte* als in sich autarker, geplanter Siedlungen, in denen jeder Bewohner durch den eigenen kleinen Garten wieder mit der Natur in Kontakt kommen sollte – ein Konzept, das in Deutschland nach dem Zweiten Weltkrieg abermals aufgegriffen wurde. In Aufsätzen, Büchern und neuen Zeitschriften wie *Jugend*, *Der Kunstwart* und kurz darauf *Deutsche Kunst und Dekoration* verbreiteten sich im 19. Jahrhundert die Ideen von England auf das europäische Festland und fanden dort Resonanz. 1898 wurden die Münchner *Vereinigten Werkstätten für Kunst im Handwerk* und in Dresden die *Werkstätten für Handwerkskunst*

gegründet, ab 1908 entstand die *Gartenstadt Hellerau*, ähnliche Siedlungen folgten. 1907 gründeten zwölf Künstler die Vereinigung *Deutscher Werkbund*, mit dem Anliegen, die gewerblichen Arbeiten in ihrer künstlerischen und handwerklichen Qualität zu verbessern, um auf dem Weltmarkt konkurrenzfähig zu werden. Wegweisend waren zwei Architekten: Peter Behrens, der das Erscheinungsbild der AEG prägt, und

damit *corporate design*-Konzepte vorwegnahm, und Walter Gropius, der die Fagus-Werke in Alsfeld baute. 1908 publizierte Adolf Loos *Ornament und Verbrechen*, und 1914 fand in Köln die Werkbund-Ausstellung statt, auf der van de Velde mit seinem bekannten Werkbund-Theater vertreten war. In diesem geistes- und baugeschichtlichen Zusammenhang wird der überregionale Wert von van de Veldes Eigenhaus verständlich.

Das großzügige Speisezimmer führt auf die Veranda mit Pergola.

Nietzsche-Archiv

Nicht weit von den *Kunstschulbauten* Henry van de Veldes und nicht weit von seiner und Harry Graf Kesslers Wohnung in der *Cranachstraße* entfernt, führt die *Humboldtstraße* hinauf zu einer eigenwilligen Gedenkstätte, deren Räume van de Velde durchgestaltet hat: zum Nietzsche-Archiv. Ganz im Gegensatz zur heutigen Bauhaus-Universität in van de Veldes Gebäuden wirkt hier die Zeit wie eingefroren. Archiviert wird im Nietzsche-Archiv nichts mehr; die Bestände und die Forschungsaufgaben gingen 1949 an das Goethe- und Schiller-Archiv (S. 126) über. Auch das Wohn- und Sterbezimmer von Friedrich Nietzsche im ersten Stock ist nicht mehr erhalten; es wich in den 1970er Jahren dem Umbau zu Gästeräumen für Forscher.

Ein Hauch von Mausoleum liegt über der seinerzeit avantgardistischen Jugendstil-Ausstattung. Kein freundlicher Ort, ein ambivalentes Baudenkmal mit einer interessanten Rezeptionsgeschichte, für die weder der Philosoph, noch der Künstler verantwortlich zeichnen. Die Raumausstattung wurde ausdrücklich dazu entworfen, eine Gedenkstätte für Friedrich Nietzsche zu schaffen. Van de Velde selber war ein begeisterter Verehrer des Philosophen und hatte den geistig umnachteten Kranken noch kennengelernt. Der Philosoph Friedrich Nietzsche lebte hier, in der *Villa Silberblick,* die letzten drei Jahre seines Lebens, seiner einst kraftvollen Sprachgewalt nicht mehr mächtig. Er wurde von seiner umstrittenen Schwester Elisabeth Förster-Nietzsche gepflegt und ausgewählten Nietzsche-Verehrern gelegentlich vorgeführt. Elisabeth Förster-Nietzsche stellte sich ganz in den Dienst einer Mythosbildung um ihren kranken Bruder. Sie diente sich den Nationalsozialisten an und die Besuche Hitlers in der *Villa Silberblick* wertete sie als Ehre und Erfolg. Als sie starb, erschien Hitler persönlich zur Trauerfeier am 11. November 1935 im Nietzsche-Archiv.

Der Maler Hans Olde, seit 1902 Direktor der Großherzoglich-sächsischen Kunstschule, fotografierte im

Die *Villa Silberblick* in der damaligen *Luisenstraße*, heute *Humboldtstraße*, hatte die Schweizerin Meta von Salis-Marschlins gekauft, um sie Elisabeth Förster 1897 für die Pflege ihres berühmten Bruders Friedrich Nietzsche (1844–1900) und als Archiv zur Verfügung zu stellen. Nietzsche wurde zu diesem Zeitpunkt bereits von seiner Mutter in Naumburg gepflegt; nach deren Tod brachte seine Schwester den kranken Philosophen nach Weimar. Dort starb er am 25. August 1900 und wurde in Röcken beigesetzt. Henry van de Velde schuf 1903 die Innenausstattung für diese Nietzsche-Gedenkstätte.

Die Details vom Kamin,
von Stühlen und Tischen,
Türbeschlägen und Wand-
verkleidungen weisen
den belgischen Künstler
Henry van de Velde als
meisterhaften Vertreter
des ornamentalen Jugend-
stils aus.

Juni 1899 den kranken Nietzsche in seinem Bett im Auftrag der Kunstzeitschrift PAN. Ein Jahr nach Nietzsches Tod, im August 1901, entwickelten Harry Graf Kessler, künstlerischer Berater für das Archiv, Elisabeth Förster-Nietzsche und Henry van de Velde gemeinsam den Plan, frischen Wind in das kulturell wenig interessante Weimar zu bringen. Enthusiastisch sprachen sie davon, *das neue Weimar* gründen zu wollen. Van de Velde war auf Fürsprache von Förster-Nietzsche und Graf Kessler nach Weimar berufen worden. 1902 beauftragte Nietzsches Schwester ihn mit der Gestaltung des Erdgeschosses zur Gedenkstätte, während Nietzsches Räume im Obergeschoss ganz bewusst als Memorialstätte in ihrem ursprünglichen Zustand belassen wurden.

Am 15. Oktober 1903 wurde das umgestaltete Archiv eingeweiht. Nach wie vor betritt man es heute durch eine zweiflügelige Holztür mit Metallbeschlägen.

Von einem Flur mit Garderobe erschließt sich das Gebäude: Eine Treppe führt hinauf in das nicht öffentliche erste Obergeschoss, und eine zweiflügelige Tür führt in das Vestibül, den Kassen- und Dokumentationsraum mit informativen Ausstellungswänden.

Von hier gelangt man in das Herzstück des Nietzsche-Archivs, in die Bibliothek, die vielfach in der Literatur als wichtiges Beispiel für den ornamentalen Jugendstil dargestellt wird. Dieser lang gestreckte Raum mit Wintergarten diente als Lesesaal, für Vorträge und Versammlungen. Wie üblich, gestaltete van de Velde auch hier alle Räume bis ins Detail durch, bis hin zu den Holzoberflächen und Stoffen, dem Flügel, den Regalen, Öfen, Fenster- und Türbeschlägen, Gesimsen und Deckenkehlen. Die gestalterische Einheit des Bibliotheksraumes mit den dynamisch geschwungenen, plastischen Formen ist vom Zusammenspiel all dieser Details abhängig.

Der Künstler Max Klinger schuf die Nietzsche-Herme, die nach wie vor raumbeherrschend hinter dem Flügel an einer Schmalseite des Lesesaales aufgestellt ist und die Harry Graf Kessler privat für 10 000 Mark in Auftrag gegeben hatte. Weitere Portraits Nietzsches schufen Hans Olde und Arnold Kramer.

Totenmaske von Friedrich Nietzsche.

Die Kunstschule

Finanziell und persönlich wurde Weimar für Henry van de Velde ein Desaster – rückblickend bereitete der Belgier aber hier den Weg zum *Bauhaus*. Seine *Kunstschulbauten* stehen seit 1996 nicht nur auf der Welterbeliste der UNESCO, sondern bilden den ältesten Bestand der heutigen *Bauhaus-Universität Weimar*.

Die *Großherzoglich-sächsische Kunstschule* hatte als private Institution bereits seit 1860 bestanden, als sie 1902 in staatliche Trägerschaft überging, der Maler Hans Olde als Direktor eingesetzt und Henry van de Velde im April zum künstlerischen Berater berufen wurde. Im Oktober 1902 gründete van de Velde sein neues Institut, das *Kunstgewerbliche Seminar*. Er sah, dass die industriellen Betriebe meist in Privathand waren und sich ihre Betreiber eng mit der Tradition und dem Großherzogshaus verbunden fühlten. Ausnahmen bildeten die beiden Weltfirmen *Zeiss* und *Schott* in Jena. Die Weltausstellungen des 19. Jahrhunderts, die 1851 mit der Londoner Ausstellung begonnen hatten,

zeigten die Hilflosigkeit in der Formgebung und miserable Qualität industriell hergestellter Möbel, vor allem aus den 34 deutschen Kleinstaaten. Gottfried Semper nannte die Produkte bereits 1852 ein *„verworrenes Formengemisch oder kindische Tändelei."* Der Raum mit den Schwarzwälder Uhren auf der Weltausstellung 1867 gelangte als *Horrorzimmer* zu traurigen Ehren, und auf den Folgeausstellungen wurde immer deutlicher, dass deutsche Produkte auf dem Weltmarkt nicht mehr konkurrenzfähig waren. Innerhalb eines halben Jahrhunderts hatte sich die Industrieproduktion seit 1800 versechsfacht, historisierende Formen, allen greifbaren Musterbüchern abgeschaut, prägten die billig hergestellten Massenwaren. Vor diesem Hintergrund war der Großherzog gut beraten, jemanden wie van de Velde zu Rate zu ziehen, um das Kleingewerbe zu beleben; ähnlich ging etwa auch der hessische Großherzog vor, der sich von seiner Darmstädter Künstlerkolonie wirtschaftliche Impulse erhoffte.

Gegenüber der *Hochschule für bildende Kunst* baute Henry van de Velde zwischen Juni 1905 und Juni 1906 die zweiflügelige *Kunstgewerbeschule*, die durch ihr Mansarddach und den südlichen Giebel mit seinem hufeisenförmigen Giebelbogen geprägt wird. Dahinter befand sich sein großzügiges Atelier.

Die Weimarer Kunstschule brauchte neue, helle Arbeitsräume für Künstler und Handwerker. Bis April 1904 hatte van de Velde die Pläne so weit ausgearbeitet, dass im Juli die Arbeiten am ersten Bauabschnitt begannen. In nur drei Monaten, den Semesterferien des Jahres 1904, wurde der erste Bauabschnitt abgeschlossen. Van de Velde nannte später mehrere Inspirationsquellen für seine Entwürfe: Schinkels Berliner Allgemeine Bauschule (1832–1836), Alfred Messels Berliner Warenhaus Wertheim (ab 1897) und die zeitgenössische Fabrikarchitektur ganz allgemein.

Die Namensgebung der Institution wechselte in den Folgejahren und spiegelt die mehrfachen Umstrukturierungen der Hochschule wider: Seit 1919 beherbergten die Gebäude das *Staatliche Bauhaus* unter Gropius, seit 1921 wurde hier zusätzlich die nun wieder ausgegliederte und neugegründete *Hochschule für bildende Kunst* untergebracht, und nach der Übersiedlung des Bauhauses von Weimar nach Dessau wurde

seit 1925 hier unter der Leitung von Otto Bartning die *Staatliche Hochschule für Handwerk und Baukunst* untergebracht. Nur fünf Jahre danach, seit 1930, leitete Paul Schultze-Naumburg die nun wieder vereinigte *Hochschule für Baukunst, bildende Künste und Handwerk*. Nach dem Krieg wurden ab 1946 in den Gebäuden van de Veldes wieder Architekten, Künstler und Designer ausgebildet. Heute bietet die *Bauhaus-Universität Weimar* mehr als 20 Studiengänge an, die von Freier Kunst über Design, Web-Design, Visuelle Kommunikation, Mediengestaltung und Kultur bis zu Architektur, Bauingenieurwesen, Baustoffkunde, Verfahrenstechnik und Umwelt reichen.

Die Grundlagen schuf van de Velde. Als Querdenker hatte er vor 100 Jahren den Kunstunterricht im wilhelminischen Weimar revolutioniert. Er stellte hohe Ansprüche an sich und seine Studenten. In seiner Biografie schreibt er später: *„Ich wollte den Unterricht der Weimarer Kunstgewerbeschule auf die Beziehung zwi-*

Bis 1911 wurden die Kunstschulbauten in mehreren Bauabschnitten fertiggestellt. In dem formal und inhaltlich aufeinander bezogenen Bauten-Ensemble, das rückblickend zu den Hauptwerken van de Veldes zählt,

wurde nach dem Ersten Weltkrieg 1919 der Lehrbetrieb unter dem neuen Direktor Walter Gropius wieder aufgenommen.

Gemeinsam ist dem Gründer des Bauhauses und seinem Vorgänger van de Velde das Konzept eines Gesamtplans, dem alle Bestandteile eines Entwurfs, etwa eines Hauses, einschließlich Türklinken, Fußabtreter und Fliesen und Farben unterliegen.

Dieser konzeptionelle Ansatz der beiden, der die moderne Architekturgeschichte prägte, ist in Weimar bis heute sichtbar.

schen Meister und Lehrling gründen, wie sie in den *großen Zeiten des Kunsthandwerks bestand. (...) Die großherzogliche Schule hätte eigentlich Werkstatt oder Laboratorium und die Schüler hätten Laboranten genannt werden sollen, (...). Im Verlauf von drei oder vier Jahren sollten auf Grund eines strengen Unterrichts fähige Zeichner und Modelleure herangebildet werden, um den Schlendrian zu beseitigen, der in Deutschland wie in allen anderen mitteleuropäischen Ländern die undurchsichtigen Bereiche der Konkurrenzwirtschaft beherrschte, deren mit dem Stigma ,billig und schlecht' belastete Produkte von Neuigkeit zu Neuigkeit gehetzt wurden. In der Erziehung nach den Prinzipien vernunftgemäßer Gestaltung sah ich hingegen die Möglichkeit, adäquate, funktionelle Formen und organische Elemente zu entwickeln, mit denen die Industrien die Aufmerksamkeit des abgestumpften Publikums erregen und den sinnlosen Übertreibungen einer uferlosen Phantasie Einhalt gebieten konnten."*

Statt Kunst- und Stilgeschichte beruhte die Ausbildung auf drei Grundlagen: technisches Zeichnen, Farbenlehre und Ornamentlehre. Damals sah das so aus: *„Im großen Atelier, in dem die Kurse über Ornamentzeichnen und über die Farbenlehre gegeben wurden, fanden die Schüler nichts als ein halbes Dutzend von Gipsabdrücken nach von mir geschaffenen Ornamenten vor. Außerdem Blumen und Blätter, die für Kompositions- und Harmonieübungen der Teilnehmer am Farbkurs bestimmt waren."*

Organische Formen der Natur sind die Ideale und Inspirationsquellen des Jugendstilarchitekten. Im Oktober 1902 eröffnete van de Velde das erwähnte *Kunstgewerbliche Seminar*, aus dem 1907 die *Kunstgewerbeschule* hervorging. Diese Institutionen entwickelten sich zu einer wirksamen Verbindung von Kunst, theoretischer Lehre und praktischer Umsetzung, oder wie van de Velde sein Ziel formulierte, *„zur Zusammenarbeit von Künstler, Kunsthandwerker und Fabrikant."*

Nicht ohne Genugtuung fügte er im Rückblick hinzu: *„Ich habe diese Zusammenarbeit sechs Jahre vor der Gründung des Werkbundes und zwanzig Jahre vor dem ‚Bauhaus' verwirklicht. (...)."* Und mit der Distanz eines mit seinem Leben und den erlittenen Niederlagen versöhnten Souveräns kommentiert er: *„Was den Gründer des Bauhauses, Walter Gropius, betrifft, den ich als meinen Nachfolger empfahl, so gehöre ich zu den aufrichtigen Bewunderern seines Elans, mit dem er meine unter schwierigen Umständen von 1901 bis 1914 durchgeführten Bestrebungen aufgenommen und verbreitet hat."*

Es war Henry van de Velde im Alter von über 90 Jahren noch vergönnt, 1955 die von Inge Aicher-Scholl initiierte Gründung der *Hochschule für Gestaltung in Ulm* zu erleben. Er konnte auf die Früchte seiner Pionierarbeit in Weimar zurückblicken, die mit seiner Seminargründung 1902 begannen, mit dem Bauhaus 1919 in Weimar und Dessau fortgesetzt, mit seinen Genfer Vorlesungen 1926 wieder aufgegriffen und 1955 in Ulm abermals institutionalisiert wurden.

Damals jedoch, 1902 in Weimar, konnte der letzte Großherzog von Sachsen-Weimar-Eisenach freilich nicht ahnen, welchen europäischen Freigeist er sich da in die Provinz geholt hatte. Henry van de Velde zählt heute zu den wichtigsten Vertretern des *Jugendstils* und der *Neuen Sachlichkeit* in Belgien und Deutschland. In einem mehrjährigen Forschungsprojekt wird in Weimar seit 2001 ein Werkverzeichnis erstellt. Die Wissenschaftler gehen auf ihrer Website von etwa 300 Aufträgen ganz unterschiedlichen Umfangs aus: *„Zwi-* *schen 1893 und 1957 entwarf er ungefähr 48 Gebäude und über 75 Innenausstattungen. Neben Wohnungen, Büros und Geschäften stattete er auch Eisenbahnen, Schiffe und einen Tennisclub aus."*

Nach dem Ersten Weltkrieg wurde Walter Gropius der Nachfolger von Henry van des Velde als Leiter der Kunstgewerbeschule. Das Großherzogtum war in dem neu gegründeten Land bzw. dem Freistaat Thüringen aufgegangen, Weimar wurde in der Weimarer Republik Landeshauptstadt, und dem vormals großherzoglichen Theater kam die Ehre zu, als Parlament der ersten demokratischen Republik in die Geschichte einzugehen.

Der Krieg zwischen 1914 und 1918 beendete Vieles, Einzelbiografien wie neue Ideen. Weil man aber mit Gropius und dem Bauhaus die heute kaum zwei Autostunden von Weimar entfernte Stadt Dessau verbindet, übersieht man leicht, dass das *Staatliche Bauhaus* in dem *Großherzoglichen Kunstgewerblichen Seminar* van de Veldes von 1902 seine Wurzeln hat. Gropius dachte van de Veldes pädagogische und gestalterische Ansätze weiter und übertrug sie 1919 auf die neuen gesellschaftlichen, politischen und wirtschaftlichen Bedingungen nach dem Krieg. Gropius wie van de Velde scheiterten am Nationalismus, beide mussten Weimar aus politischen Gründen verlassen, beide konnten sich mit ihren revolutionierenden Architekturvorstellungen im klassizistisch geprägten, konservativen Weimar langfristig nicht halten. Dennoch bleibt Weimar der Ort, von dem demokratische, weltverbessernde Ideen ihren Ausgang nahmen und bis heute städtebauliche Spuren hinterließen.

Das Treppenhaus von Henry van de Velde mit der Skulptur von Auguste Rodin.

Die Bauhaus-Universität Weimar wurde jüngst durch einen gläsernen Baukörper auf der Rückseite erweitert.

Haus am Horn und Weimarer Bauhaus

Stärker könnte der Kontrast kaum sein: Am Rande des Ilmparks, kaum zehn Spazierminuten von Goethes Gartenhaus, dem Römischen Haus und all den lyrischen Durchblicken auf künstliche Ruinen und Denkmäler in diesem Landschaftsgarten entfernt, thront es da unvermittelt auf einer Anhöhe: Fast weiß und eckig, wie eine Skulptur, inmitten eines 2500 Quadratmeter großen Grundstücks, einer wilden Wiese mit Obstbäumen: Das *Haus Am Horn.* Ein überraschender Anblick in Weimar, bis heute. Denn anders als geplant, ist es 1923 bei diesem einzelnen Musterhaus geblieben; es sollte ein Versuchshaus sein, ein anregender Diskussionsbeitrag in den finanziell eng gesetzten Möglichkeiten der Inflationszeit. Ursprünglich war hier eine ganze Siedlung mit ähnlichen Atelier- und Wohnhäusern für die Bauhausmeister geplant. Geldnot und ein konservativer Wind verhinderten weitere Pläne.

Architekturkenner *pilgern* zu dieser Ikone der Bauhausarchitektur. Das Haus entstand lange vor heutigen Bungalows mit Flachdach – in diesem Falle ist es kein Flachdach, sondern ein extrem flaches Zeltdach, das für die Entwässerung sorgt. Das *Haus Am Horn* war ein technischer, finanzieller und personeller Kraftakt in der Notzeit nach dem Ersten Weltkrieg.

Entworfen hat es der jüngste der Lehrkräfte am Bauhaus, Meister Georg Muche, der Malerei lehrte. Aus ideologischen Gründen nannte man sich damals *Meister* statt Professor, wie die Protokolle des Meisterrats von April 1922 zeigen. Eingeflossen waren aber viele Ideen, denn es ging dem Direktor Walter Gropius darum, eine Gemeinschaftsarbeit zu schaffen. Ungenannt bleiben ohnehin 17 Handwerker, die kurz vor der Fertigstellung auf der Baustelle beschäftigt waren: acht Maurer, vier Bauarbeiter, ein Lehrling und vier Gärtner. An Muches Entwurf war eine Gruppe seiner Studenten beteiligt, die unter der Leitung des bei Gropius seit 1920 angestellten jungen ungarischen Architekten Fred Forbat zuvor monatelang Entwürfe für die

nie realisierte Bauhaus-Siedlung gemacht hatte. Deshalb sind auch Zwischenphasen, die Forbat unter der Regie von Gropius entwarf, in Muches Entwurf eingeflossen. Das *Haus Am Horn* ist ein Projekt der Bauhaus-Schule insgesamt.

Am frühen Bauhaus gab es keine systematische Architektenausbildung, obwohl das Bauen offiziell eine zentrale Bedeutung hatte. Faktisch aber beschränkte sich die bauliche Ausbildung der Studierenden in der

Weimarer Bauhauszeit noch darauf, in Gropius' privatem Baubüro an konkreten Projekten mitzuarbeiten. So wurde das *Haus Am Horn* auch vom Baubüro Gropius unter der Bauleitung seines wichtigsten Mitarbeiters Adolf Meyer ausgeführt. Am Entwurf war weiterhin der Architekt Ernst Neufert beteiligt, an den Zeichnungen arbeiteten Kaiser, Meineke und Farkas Molnar, an den statischen Berechnungen Schumann, und die Ausführung wurde Walter March übertragen.

Das *Haus am Horn* wurde 1923 am Rande des Ilmparks als Musterhaus für die erste Bauhaus-Ausstellung in nur viermonatiger Bauzeit errichtet. Es ist die erste überhaupt realisierte Architektur des Bauhauses und zugleich die einzige bauliche Spur, die das Bauhaus in seiner Weimarer Zeit, zwischen 1919 und 1925, hinterlassen hat. Es ist baugeschichtlich so bedeutend, dass es die UNESCO 1996 in die Liste des Welterbes der Menschheit aufnahm.

Auf einer quadratischen Grundfläche von 12,70 Metern Seitenlänge hatte Muche ein eingeschossiges Einfamilienhaus mit einer eigenwilligen Raumaufteilung geplant.

Der Zentralbau ist mehr als nur ein einfaches Quadrat, er präsentiert sich als Doppelkubus: Das äußere Quadrat wird von einem inneren Kubus mit sechs Metern Seitenlänge überragt. Alle kleineren Räume, wie Küche, Bad, Kinder-, Damen-, Herren-, Speise- und Gästezimmer gruppierte Muche um diesen zentral gelegenen, 36 Quadratmeter großen Wohnraum, der das Herzstück des Hauses bildet und durch Oberlichter immer Tageslicht erhält.

Diese Raumaufteilung erinnert an ein römisches Atriumhaus, nur mit dem Unterschied, dass hier das Atrium als zentraler Gebäudeteil überdacht ist. Die ruhige und klare Anordnung der Räume um den 4,15 Meter hohen mittleren Kubus ist mit einer Klosteranlage vergleichbar, bei der sich um den zentralen Kreuzgang die Funktionsräume erschließen.

Das Haus strahlt in seiner nun wieder rekonstruierten, klaren Raumfolge mit der zurückhaltenden Farbigkeit Ruhe und Klarheit aus. Der Betrachter wird unwillkürlich auf die Frage zurückgeworfen, was man eigentlich zum übersichtlichen Wohnen wirklich braucht. Die Räume leben von wohlüberlegter Sparsamkeit und dem milden Licht.

Was vordergründig als Reduktion auf das Wesentliche erscheint, ist Ergebnis einer komplexen Planung. Die technische und hygienische Ausstattung setzte neue Maßstäbe, die erst Jahrzehnte später Standard wurden. Dazu gehören eine zentrale Heizung und Warmwasserbereitung, Gasherd, Waschmaschine und Telefonanlage. Alle Oberflächen waren leicht zu pflegen, die Fußböden bestanden aus Gummi und einem Linoleumersatzstoff, die Fußbodenleisten aus dickem Opakglas, die Türen und Fenster verzichteten auf die damals beliebten Unterteilungen mit kleinteiligen Sprossen.

Für Muche selbst lag das architektonische Gestaltungsprinzip in der Proportion aller Teile, *„vor allem in der Gliederung der Fassaden durch eine symmetrische vertikale Teilung und eine unsymmetrische gesetzmäßige Gliederung durch die Maße und Tiefe der Fensteröffnungen. Bloße Schmuckformen wurden grundsätzlich in jedem Falle vermieden."*

Der seit 1922 von Gropius entwickelte *Baukasten im Großen,* ein Wabenbausystem, bei dem Raumzellen aus vorfabrizierten Bauteilen zu unterschiedlichen Typenhäusern kombiniert werden konnten, blieb in der Entwurfsphase stecken. Das Bauhaus sah sich zu einer öffentlichen Präsentation der bisherigen Ergebnisse gedrängt. Das *Haus Am Horn* sollte vor allem den geldgebenden Politikern zeigen, dass die verschiedenen Gewerke und Handwerker zusammenarbeiteten.

Doch die Weimarer Öffentlichkeit reagierte auf die *weiße Schachtel ohne Dach* in einer der besseren Wohngegenden Weimars keineswegs begeistert. Die

Anwohner hatten schon während der Planung in einem Brief am 21. Juli 1920 dagegen protestiert, dass in ihrer ruhigen Wohngegend eine ganze Bauhaus-Siedlung entstehen solle: *„Nach Gerüchten (...) beabsichtigt das Bauhaus (...) eine Siedlung aus Holzhäusern mit Beihilfe der noch gänzlich unausgebildeten Schüler zu bauen. Wir Bewohner der ‚Horns‘ erheben hiergegen kräftig und nachhaltig aus folgenden Gründen Einspruch: 1. wird die Siedlung den Charakter der Straße ‚am Horn‘ verderben, (...) 2. wird durch das sattsam geschilderte Auftreten und stadtbekannte Leben der genannten Schüler der Zustand des Parkes in der herrlichen Birkentrift – dieser Kleinodien der Stadt Weimar – in bedenklicher Weise gefährdet.“*

Auch die Tagespresse reagierte oft mit harscher, beleidigender Polemik auf das Haus. Doch es gab auch Ausnahmen, wie etwa im *Allgemeinen Anzeiger für Stadt und Kreis Erfurt* vom 17. August 1923: *„Hier ist tatsächlich auf engstem Raum, unter Aufwendung aller erdenklichen Mittel der größtmögliche Komfort erzielt. ‚Gemütlich‘ im Sinne unserer roten Plüschmöbel und rotverhängten Lampen sind die kleinen Räume freilich nicht, dafür aber wundervoll hell, sparsam möbliert und die wenigen Möbel aus edelstem Material und von erlesenster Form (...).“* Oder die *Bremer Nachrichten* vom 24. August 1923 schrieben: *„Über dem Park liegt ein kleines, schmuckes neugebautes Musterhaus wie eine weiße Bonbonschachtel in einem riesigen gelbblühenden Rapsfeld; von Muche entworfen (...).“*

Trotz dieser baulichen Leistung blieben die sozialreformerischen Ideen den konservativen Abgeordneten ein Dorn im Auge; man wollte es auflösen, indem man den Etat zusammenstrich. Gropius erhoffte sich daher in der Industriestadt Dessau für seine Bauideen mehr Unterstützung. *„Es hat sich ausgeweimart, meine Herren, wir gehen jetzt dessauern“*, so beschrieb der Bauhausmeister Lyonel Feininger im Februar 1925 lapidar den Umzug nach Dessau.

Um den hohen Standard des Musterhauses zu verstehen, muss man sich die materielle Not zu seiner Entstehungszeit 1923 vergegenwärtigen. Die Inflation hätte beinahe den Bau verhindert.

Die Küche kann rückblickend als revolutionär angesehen werden, denn sie nimmt Vieles vorweg, was wenige Jahre später, 1926, durch Grete Schütte-Lihotzky als *Frankfurter Küche* bekannt wurde: Auch für Muche sollte eine Küche kein Wohnraum sein, sondern das *Laboratorium der Hausfrau*, das auf kleinstem Raume nach ausschließlich praktischen Kriterien durchorganisiert und auf ein Minimum an wichtigen Geräten reduziert wird. Alle Flächen waren hell, glatt und pflegeleicht, elektrische Geräte sollten die Arbeit erleichtern. Ähnliches gilt für das Bad.

Als Walter Gropius mit einem Teil des Kollegiums 1924 Weimar verließ, um seine Lehrtätigkeit in Dessau aufzubauen, wurde das Haus Am Horn an Privatleute verkauft und baulich erweitert. Seit den 1960er Jahren kümmerten sich die Mieter, die Familie des Architekten Professor Bernd Grönwald, mit großem Engagement um die Bewahrung und Dokumentation des Gebäudes. Auch Georg Muche besuchte das Haus ab 1974 mehrmals.

Dem 1993 in der Bauhaus-Universität Weimar gegründeten Verein *Freundeskreis der Bauhaus-Universität Weimar e.V.* verdankt diese Inkunabel der modernen Architektur schließlich die Rettung, die mit der dringend notwendigen Instandsetzung eingeleitet wurde. Bis April 1999, zum 80-jährigen Bestehen des Bauhauses, konnte das Haus mit großem fachlichen Aufwand, mit Sachverstand und nach den originalen Befunden rekonstruiert, dokumentiert und in einen Zustand versetzt werden, der es seitdem erlaubt, das

Gebäude und den Garten für Ausstellungen zeitgenössischer Kunst und andere Veranstaltungen zu nutzen. Erbpächter und Hüter des Hauses ist nach wie vor der Verein des Freundeskreises. Die Sanierung wurde finanziell ermöglicht durch öffentliche Geldgeber, die Bundesrepublik, das Land Thüringen, die Deutsche Stiftung Denkmalschutz in Bonn und die Sparkassen-Finanzgruppe.

Walter Gropius (1883–1969) wurde 1919 zum ersten Direktor des Staatlichen Bauhauses berufen, aber die Gründungsgeschichte des Bauhauses ist weitaus komplizierter. Ein Gründungsdatum existiert ebenso wenig wie eine Eröffnung oder eine Urkunde.

Charakteristisch ist vielmehr ein langsamer Prozess des Werdens und Neuformulierens einer Schulidee, der sich niederschlug in Namenswechseln der Lehranstalten und ihrer Direktoren, die etwas Neues schaffen wollten. Dieser komplizierte Prozess fand in den Kunstschulbauten von Henry van de Velde statt, wäh-

Im Bauhausmuseum am Theaterplatz werden Arbeiten aus der Bauhauszeit gezeigt. Dazu zählen Keramiken, Zeichnungen, Modelle, Tische und Webarbeiten.

rend zugleich nach dem Ersten Weltkrieg aus dem Großherzogtum ein Freistaat in einer jungen Republik hervorging und die Gesellschaftsordnung damit radikal verändert wurde.

Van de Velde und Gropius verstanden sich beide als Architekten und Pädagogen mit hohen erzieherischen Ansprüchen. Beide hofften, der nächsten Generation vermitteln zu können, dass qualitätvolle, menschengerechte Gebäude und handwerklich hochwertige Innenräume mit einem hohen moralischen Anspruch ausgeführt werden müssen, weil die Umgebung Menschen prägt und auf subtile Weise erzieht. Beide wehrten sich gegen Massenherstellung von hässlicher, grober Billigware. Beide sahen ein, dass man aber industriell herstellen müsse, wenn man viele Menschen mit qualitätvollen Bauten versorgen wolle. Deshalb suchten beide nach Wegen, industrielle Serienprodukte ästhetisch befriedigend herzustellen. Gemeinsam war beiden Lehrern weiterhin das Ziel, ihre Institute durch eigene

Produktionen finanziell unabhängig zu machen von der Unterstützung der Landesregierung. Van de Velde selber hatte Gropius als Direktor vorgeschlagen, der im April 1915 davon unterrichtet wurde. Was Gropius später erreichte – und was van de Velde als Villenbauer für finanzstarke Unternehmer nie anstrebte – das war der preisgünstige Eigenheimbau, wie er in der Siedlung Dessau-Törten realisiert werden sollte. Dieses Ziel wurde in der Weimarer Zeit vorbereitet. Gropius wollte einkommensschwachen Familien Alternativen zu den Mietskasernen in den wachsenden Großstädten anbieten.

Ein Nutzgarten, Licht, Luft und fließendes Wasser waren Errungenschaften der 1920er Jahre, einer kurzen Phase zwischen den beiden Weltkriegen, in der der Siedlungsbau eine kurze Blütezeit erlebte. Die Wohnungsbauprogramme nach dem Zweiten Weltkrieg sind nicht denkbar ohne die Ideen des Dessauer Bauhauses, das in Weimar begonnen hatte.

Das Staatliche Bauhaus wurde wenige Monate nach dem Krieg im April 1919 gegründet. Dazu legte man die wegen des Krieges seit Oktober 1915 geschlossene *Kunstgewerbeschule* und die seit Oktober 1918 ebenfalls verwaiste *Hochschule für bildende Kunst* zu einer Institution zusammen – zumindest bis 1921.

Doch schon 1919 kollidierten akademische Ansprüche mit den kunsthandwerklichen Zielen des Bauhausprogramms von Gropius. Als er Ende 1919 Spielwaren entwerfen und bauen ließ, um zu verhindern, dass das Bauhaus zu akademisch wird, aber vor allem um es finanziell unabhängig zu machen, eskalierte der Streit. Die *Akademiker* verweigerten ihre Teilnahme bei der Spielzeugproduktion.

Während der eine Teil des Kollegiums den akademischen Anspruch hoch ansetzte, wehrte sich der andere Teil gegen diese konservative Ausrichtung, und es kam 1919/20 zum so genannten Bauhausstreit.

Dieser Streit führte dazu, dass man 1921 wieder die *Weimarer Kunstschule* in Konkurrenz zum Bauhaus ausgliederte. Zu den inhaltlichen Problemen kam die handfeste finanzielle Not, es fehlte an Wohnungen, Material, Brennholz und Lebensmitteln.

Literatur, Hinweise

Dieses Buch verdankt sich vielen Büchern. In erster Linie sind selbstredend die Werkausgaben der erwähnten klassischen Literatur zu nennen, die aufzulisten diesen Rahmen sprengen würde. Gleiches gilt für die Fülle der Reiseführer, kleinen Kunstführer und Prospekte zu einzelnen Bauwerken in Weimar. Den Lesern, die in aller Kürze Grundlegendes zu einzelnen Gebäuden in Weimar und zu den Öffnungszeiten der Museen erfahren wollen, seien die Websites der Klassik Stiftung Weimar (www.swkk.de) empfohlen. Von dort gelangt man auch auf die Seiten des Werkverzeichnisses von Henry van de Velde (www.wvz-henryvande velde.de) und zu den Websites zur Herzogin Anna Amalia Bibliothek (www.anna-amalia-biblio thek.de). Ähnliches gilt für die Bauhaus-Universität Weimar (www.uni-weimar.de).

Wer kurzfristig eine Unterkunft in Weimar sucht oder andere touristische Informationen braucht, erhält diese über die Seiten der Stadt Weimar (www.weimar.de). Dort finden sich die stets aktualisierten Ansprechpartner, Telefonnummern und Adressen. Über diese Seiten erreicht man auch die Stiftung Gedenkstätten Buchenwald (www.buchen wald.de).

Desweiteren liegen diesem Buch die Unterlagen zu Förderprojekten der Deutschen Stiftung Denkmalschutz (www.denkmalschutz.de) und der Zeitschrift monumente zugrunde. Auf der Website der Stiftung wird unter www.monumente-online.de regelmäßig über die Förderprojekte der Stiftung berichtet, so auch über Projekte in Weimar.

Darüber hinaus verdanken die beiden Autoren den Publikationen von Anderson und Gellner Gedankenanregungen, vor allem:

Benedict Anderson: Die Erfindung der Nation. Zur Karriere eines folgenreichen Konzepts. Frankfurt am Main und New York 1996. (Engl. Original 1983).

Ernest Gellner: Nationalismus. Kultur und Macht. Berlin 1999. (Engl. Original 1997.)

Daten, Schreibweisen und Zitate im Text wurden der folgenden Literatur entnommen:

Weimar. Lexikon zur Stadtgeschichte. Weimar 1998. Hsg. von Gitta Günther, Wolfram Huschke, Walter Steiner.

Rolf Bothe: Dichter, Fürst und Architekten. Das Weimarer Residenzschloß vom Mittelalter bis zum Anfang des 19. Jahrhunderts. Ostfildern-Ruit 2000.

Christian Hecht: Dichtergedächtnis und fürstliche Repräsentation. Der Westflügel des Weimarer Residenzschlosses. Architektur und Ausstattung. Hsg. von Rolf Bothe. Ostfildern-Ruit 2000. *Zwei grundlegende Dokumentationen über das Schloss.*

Walter Steiner, Uta Kühn-Stillmark: Friedrich Justin Bertuch. Ein Leben im klassischen Weimar zwischen Kunst und Kommerz. Köln, Weimar, Wien 2001.

Arbeitshefte des Thüringischen Landesamtes für Denkmalpflege. Weimarer Klassikerstätten – Geschichte und Denkmalpflege. Bearbeitet von Jürgen Beyer und Jürgen Seifert. Bad Homburg und Leipzig 1995. *Eine Dokumentation der denkmalpflegerischen Maßnahmen an den Bauten der damaligen Stiftung Weimarer Klassik.*

Vor-Reiter Weimars. Die Großherzöge Carl August und Carl Alexander im Denkmal. Erschienen in der Reihe des Freundeskreises Goethe-Nationalmuseum II. Jena 2003.

Gustav Bohadti: Die Walbaum-Schriften und ihre Vorläufer. Eine Schriftstudie. Hsg. von der H. Bertold AG Schriftgießerei, Berlin und Stuttgart 1960. *Antiquarisch erhältlich.*

Johann Wolfgang von Goethe: Italienische Reise. Hamburger Ausgabe von Goethes Werken Band XI. Hsg. von Herbert von Einem. München 1981, 8. Auflage 2001. *Dieser Ausgabe wurden Goethes Zitate zu Rom entnommen.*

Johann Peter Eckermann: Gespräche mit Goethe in den letzten Jahren seines Lebens. Hsg. von Fritz Bergemann. Frankfurt am Main und Leipzig 1955, 3. Auflage 1987.

Henry van de Velde: Geschichte meines Lebens. Hsg. von Hans Curjel. München 1962. *Dieser Biografie wurden die Zitate von Henry van de Velde entnommen.*

Klaus-Jürgen Sembach: Henry van de Velde. Stuttgart 1989.

Antje Neumann: Henry van de Velde in Weimar. Das Haus unter den hohen Pappeln. Hsg. von Thomas Föhl. Weimar 1999.

Dieter Dolgner: Henry van de Velde in Weimar 1902 – 1917. Weimar 1996.

Hannelore Henze: Der Jakobskirchhof in Weimar. Königswinter 1998. *Eine dankenswerte Broschüre, die man in der Jakobskirche oder unter www.aeternitas.de erwerben kann.*

Wielandgut Oßmannstedt. Hsg. von Klaus Manger und Jan Philipp Reemtsma. München und Wien 2005. *Eine grundlegende Darstellung mit Bibliografie zu Wieland.*

Alfred Jericke, Dieter Dolgner: Der Klassizismus in der Baugeschichte Weimars. Weimar 1975. *Eine verdienstvolle Darstellung, antiquarisch erhältlich.*

Herzogin Anna Amalia Bibliothek – Kulturgeschichte einer Sammlung. Hsg. von Michael Knoche. München und Wien 1999.

Annette Seemann: Weimar. Ein Reisebegleiter. Frankfurt am Main und Leipzig 2004.

Wilhelm Bode: Damals in Weimar. Weimar 1912, Reprint Augsburg 1999.

monumente edition

In der Reihe monumente edition der Deutschen Stiftung Denkmalschutz sind bisher fünf Bände erschienen.

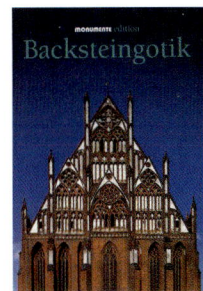

Backsteingotik
144 Seiten, 223 meist farbige Abb.
Format 21 × 29,7 cm
Broschur 11,80 Euro, ISBN 3-936942-07-2
Festeinband 16,80 Euro, ISBN 3-936942-10-2

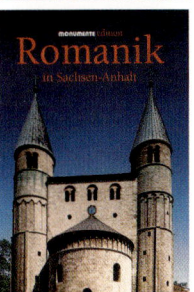

Romanik in Sachsen-Anhalt
144 Seiten, 170 meist farbige Abb.
Format 21 × 29,7 cm
Broschur 11,80 Euro, ISBN 3-936942-15-3
Festeinband 16,80 Euro, ISBN 3-936942-19-6

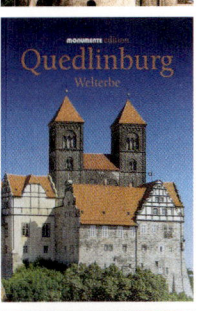

Quedlinburg
144 Seiten, 345 meist farbige Abb.
Format 21 × 29,7 cm
Broschur 11,80 Euro, ISBN 3-936942-45-5
Festeinband 16,80 Euro, ISBN 3-936942-46-3

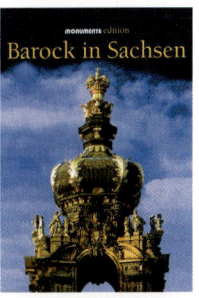

Barock in Sachsen
144 Seiten, 220 meist farbige Abb.
Format 21 × 29,7 cm
Broschur 11,80 Euro, ISBN 3-936942-09-9
Festeinband 16,80 Euro, ISBN 3-936942-11-2

Wismar und Stralsund
144 Seiten, 330 farbige Abb.
Format 21 × 29,7 cm
Broschur 11,80 Euro, ISBN 3-936942-55-2
Festeinband 16,80 Euro, ISBN 3-936942-56-0

monumente edition
Weimar

Konzeption, Redaktion und Gestaltung:
Dr. Angela Pfotenhauer und Elmar Lixenfeld,
Text: Angela Pfotenhauer
Fotografie: Elmar Lixenfeld

Herausgeber:
Deutsche Stiftung Denkmalschutz, Bonn

Titelbild: Römisches Haus im Ilmpark
Rückseite: Goethe- und Schiller-Denkmal

Druck: Rasch GmbH, Bramsche
Schrift: Merkurio von Elmar Lixenfeld
Copyright: Deutsche Stiftung Denkmalschutz Bonn
2006
Paperback: ISBN 3-936942-65-x
Festeinband: ISBN 3-936942-66-8

monumente Publikationen
der Deutschen Stiftung Denkmalschutz
Leitung: Gerlinde Thalheim
Dürenstraße 8, 53173 Bonn
Telefon 0228/95735-0, Fax 0228/95735-28
www.monumente.de
shop@monumente.de

Die beiden Autoren danken den freund-
lichen Mitarbeiterinnen und Mitarbeitern
der Herzogin Anna Amalia Bibliothek
für die wunderbare Arbeitsatmosphäre
im neuen Forschungszentrum.

Ein ganz besonderer Dank gilt der
Klassik Stiftung Weimar, namentlich
Dr. Hellmut Seemann, Präsident
der Klassik Stiftung Weimar,
Dr. Thomas Leßmann, Dr. Michael Knoche,
Dr. Thomas Föhl, Antje Neumann,
Olaf Mokansky.

Und nicht zuletzt geht ein Dank an
Dr. Jürgen Seifert.

Die Deutsche Stiftung Denkmalschutz beteiligt
sich seit Jahren mit großem Engagement
an der Rettung, Sanierung und Restaurierung
von Baudenkmalen und Denkmälern in Weimar
und Umgebung. Von den in diesem Buch
erwähnten wurden bis 2005 die folgenden
Projekte finanziell unterstützt:

Stadtkirche St. Peter und Paul
Jugendstilvilla Hohe Pappeln
Bürgerhaus Kegelplatz 4
Villa Lessner
Wilhelm-Ernst-Gymnasium
Shakespeare-Denkmal im Ilmpark
Gedenkstätte Buchenwald, Skulptur von Fritz Cremer
Bachhaus von Schloss Belvedere
Haus am Horn
Drehscheibe des Bahnbetriebswerks
Fürstengruft
Pogwischhaus

nicht zuletzt seit 2004 die Rettung der
Herzogin Anna Amalia Bibliothek

Spenden an die Deutsche Stiftung Denkmalschutz
sind bis zehn Prozent des Gesamtbetrages
der Einkünfte steuerlich abzugsfähig.
Spender erhalten eine Spendenbestätigung.

Spendenkonto 30 555 55
BLZ 380 400 07
Commerzbank AG Bonn

DEUTSCHE STIFTUNG
DENKMALSCHUTZ

Schirmherr:
Bundespräsident Horst Köhler

Vorstandsvorsitzender:
Prof. Dr. Dr.-Ing. E. h. Gottfried Kiesow

Generalsekretär: Dr. Robert Knüppel
Geschäftsführer: Gerhard Eichhorn

Geschäftsstelle:
Koblenzer Straße 75, 53177 Bonn
Telefon 0228/95738-0, Fax 0228/95738-23
www.denkmalschutz.de